DIE ARKTIS

Leben im ewigen Eis

KARL MÜLLER VERLAG

DIE ARKTIS
Leben im ewigen Eis

Text
Marco Nazarri

Herausgeber
Livio Bourbon

Layout
Anna Galliani

INHALT

__1__ In der Abendsonne an der Ostküste der Hudsonbai in der kanadischen Arktis trägt eine Inuit ihre beiden Söhne in der großen Kapuze ihres eleganten Parkas.

__2-3__ In den Gewässern vor Neufundland (Ost-Kanada) treiben kleine und große Eisberge von der Labradorsee, die auch als „Straße der Eisberge" bekannt ist, mit der kalten Meeresströmung nach Süden.

__4-5__ Die Meerenge zwischen Bylot Island und Baffin Island (Kanadisch-Arktischer Archipel) im Juni. Es sind deutlich zwei Gletscher zu erkennen, die direkt ins Meer fließen.

__6-7__ Fischerboote im Fjord bei Svolvær (Lofoten). In diesem Gebiet leben die Menschen seit Urzeiten vom Kabeljaufang. Der Fisch wird auf Holzgittern luftgetrocknet und naturbelassen oder eingesalzen als Stockfisch in alle Welt exportiert.

__8__ Eine Inuit aus Baker Lake, das über den Chesterfield Inlet mit der Hudsonbai (Ost-Kanada) in Verbindung steht. Diese Gegend ist die Heimat der Karibu-Inuit. Die Kleidung der Frau ist ausschließlich aus Karibufellen gefertigt und zur Betonung ihrer Weiblichkeit mit bunten Bändern geschmückt.

__9__ Ein imposanter Eisberg treibt gemächlich in den Eclipse Sound, der im Kanadisch-Arktischen Archipel Baffin Island von Bylot Island trennt.

__10-11__ Der Eisbär ist der wahre Herr der unendlichen arktischen Weiten. Er ist immer auf Achse, unabhängig von der Jahreszeit, und legt auf der Suche nach Nahrung unglaubliche Strecken – bis zu 3000 km im Jahr – zurück. Seine Hauptbeute ist die Robbe, doch auch Kleinsäuger und Beeren sowie Triebe verschmäht er nicht.

__12-13__ Im Nordwesten Grönlands ist ein Jäger bei Sonnenuntergang auf seinem Schlitten unterwegs. Das Besondere dabei ist, dass die Hundemeute fächerförmig vor das Gefährt gespannt ist. Dies wird nur in Grönland gemacht, wo man fast nur auf der zugefrorenen See reist.

Titel der Originalausgabe: Artico
Übertragung aus dem Italienischen: Raffaela Barbin
Lektorat: Susanne Kattenbeck

ISBN 3-86070-745-0

1 2 3 4 5 2 1 00 9 8

EINLEITUNG

14 links *Ein russischer Eisbrecher mit Nuklearantrieb bahnt sich im Polarmeer zwischen Eisbergen und Treibeisschollen seinen Weg. Ein Unwetter steht bevor, was während der Sommermonate häufig vorkommt.*

14 rechts *Während des Sommers hängen dicke Wolken über der immer noch mit Eisschollen übersäten See. Wenn nicht ein starker Wind aufkommt, werden die Wolken Schnee, Hagel oder Regen abgeben.*

Die arktische Region unterscheidet sich wesentlich von allen anderen Gebieten der Erde. Wer schon einmal im Hochgebirge gewesen ist, hat eine ungefähre Vorstellung davon. Die Kälte, das Eis und die spärliche Vegetation sind beiden Gebieten gemeinsam. Doch die Analogien enden hier. Kennzeichnend für die Arktis sind ihre riesigen Dimensionen: Sie hat eine Größe von 26 Mio. km² – 8 Mio. km² Land und 18 Mio. km² Meer.

Die Tundra, das baumlose Gebiet der arktischen Zone in Eurasien und Nordamerika, bildet das spärliche Pflanzenkleid der Arktis.

Die besonderen Merkmale der Arktis lassen sich in wenigen Stichpunkten zusammenfassen:

- hohe Breitengrade
- lange Winter und kurze, kühle Sommer
- Meer und Seen sind vereist
- Bäume fehlen.

Es ist kein Leichtes, die Grenzen der Arktis festzulegen. Wenn man das erste der genannten Kriterien berücksichtigt, könnte man sämtliche Gebiete oberhalb des nördlichen Polarkreises dazuzählen, der bei 66° 33' 03" liegt. Innerhalb dieses Kreises geht die Sonne im Sommer mindestens einen Tag lang nicht unter. Diese Grenzlinie gilt jedoch nicht immer, da aufgrund der besonderen Lichtbrechung, verursacht durch die Luftdichte am Horizont, die Sonne auch ein paar Grad weiter südlich um Mitternacht scheinen kann. Wenn wir uns am Polarkreis als Grenze orientieren, tauchen sofort einige Anomalien auf, die diese klare Trennungslinie verwischen. Die augenfälligste dieser Anomalien ist die Hudsonbai, die von November bis Juni zugefroren ist. Ihr südlichster Punkt liegt auf dem 55. nördlichen Breitengrad. Dagegen kann man die norwegische Küste in Höhe des 71. nördlichen Breitengrades aufgrund des Golfstromeinflusses wohl kaum zur Arktis zählen.

Eine andere Definition bezüglich der Ausdehnung der Arktis geht auf den Wissenschaftler Köppen zurück. Er legt die Isotherme des Monats Juli zugrunde, der wärmsten Zeit des Jahres, und nimmt die Temperatur 10 °C als Anhaltswert. Die Verbindungslinie, die sich aus allen Orten mit dieser Julitemperatur ergibt, bildet die Grenze der arktischen Zone und verläuft unter anderem fast deckungsgleich mit der polaren Waldgrenze. Diese Grenze wurde ebenfalls als Trennungslinie zwischen der Ark-

14-15 *In Nord-Norwegen treffen die atlantischen Strömungen oft mit den kalten Luftmassen aus dem Norden zusammen. Dieses Bild entstand in Djupvik, einem Ort auf der Insel Tromsø. Das Unwetter hat bereits die Region bis in Höhe des Meeresspiegels mit Schnee bedeckt. Der erste Schnee fällt hier im Frühherbst.*

15 oben *In der Dänemarkstraße, einem Meeresarm zwischen Grönland und Island, taucht die tief am Horizont stehende Sonne die ruhige Meeresoberfläche und den mit Stratokumuluswolken, Schönwettervorboten, bedeckten Himmel in ein warmes Licht.*

15 unten *Die heraufziehenden Kumulonimbuswolken kündigen einen Sturm über dem Nordpolarmeer an.*

tis und der Subarktis vorgeschlagen, doch auch diese Definition ist mit Vorsicht zu genießen: Es gibt auf Island, den Aléuten und in den nördlichsten Regionen Schottlands zahlreiche kahle Landstriche, die weit südlich der Isotherme von 10 °C liegen und deswegen nicht als polar gelten können.
Mehrere Faktoren bewirken einen verringerten Baumbestand oder ein völliges Fehlen von Bäumen: Der Neigungswinkel des Bodens, der Einfluss von Winden aus dem Norden, die Dauer der Schneedecke und die Bodenfeuchtigkeit. Vor kurzem und fast zeitgleich haben amerikanische und russische Wissenschaftler die Bedeutung eines biologischen Faktors hervorgehoben, der in der Vergangenheit kaum beachtet wurde: Die Bäume, die an der Grenze zur Tundra wachsen, produzieren nur wenige Samen (es kommt nur alle zehn Jahre zur Fruchtbildung), und diese sind außerdem von geringer Qualität. Darüber hinaus verhindern eine dicke Moosschicht und Körner fressende Vögel, dass die Samen gedeihen. Umgekehrt kann sich die Waldgrenze auch 100 bis 200 km weiter nach Norden verschieben, wenn lokale Bedingungen, beispielsweise kleine, windgeschützte Täler, Flüsse (an ihren Ufern wachsen die so genannten „Galeriewälder") oder große Wasserflächen für ein günstigeres Mikroklima sorgen.
Die Grenze zwischen der Tundra und der Taiga, also dem nördlichen Baumgürtel, ist eine sinnvolle biologische Trennlinie. Sie wird von den verschiedenen Tierarten respektiert, die fast alle entweder auf der einen oder auf der anderen Seite dieser Linie leben. Die Arten, die in der Arktis heimisch sind, leben in der Tundra und dringen fast nie in die Wälder vor. Die Tierarten der subarktischen Region sind typische Waldbewohner und leben das ganze Jahr über dort. Nur ein geringer Teil zieht im Frühling in die Tundra und kehrt im Herbst in die Wälder zurück.
Während der letzten Jahrzehnte wurden zahlreiche Definitionen vorgeschlagen, um die Grenze der Arktis festzulegen, doch alle haben sich aufgrund der vielen Ausnahmen als ungeeignet erwiesen. Momentan greift man bei der Unterteilung in Arktis und Subarktis auf die in der Vergangenheit festgesetzten Parameter zurück. Diese behalten ihre Gültigkeit, allerdings mit einigen Einschränkungen, die sich in-

16 oben *Eine friedlich schlafende Eisbärin mit ihrem Kleinen. Normalerweise bringt ein Eisbärenweibchen zwei Junge zur Welt. Die Mutter kümmert sich zwei Jahre lang vorbildlich um sie, bringt ihnen das Jagen bei und verteidigt sie vor den Angriffen erwachsener Männchen.*

16-17 *Ein Sattelrobbenbaby. Diese Robbenart wird aufgrund der merkwürdigen, an eine Laute erinnernden Zeichnung auf dem Rücken ausgewachsener Tiere auch „Harp Seal" genannt. Neugeborene Sattelrobben haben ein rein weißes Fell. Wegen seines hohen Wertes wurden sie lange Zeit gnadenlos gejagt.*

18 *Henningsvær ist ein Fischerdorf auf den Lofoten in Nord-Norwegen. Das Klima auf den Inseln ist wechselhaft, da sich hier wärmere Wassermassen vom Atlantik mit den kalten Strömungen aus dem Norden mischen. An der Südspitze des Archipels entsteht der so genannte „Malstrom", der jahrhundertelang der Schrecken aller Seeleute war, die diese Gewässer befuhren.*

19 oben *Longyearbyen ist die Hauptstadt von Spitzbergen. Die Inseln stehen unter norwegischem Protektorat, werden aber nicht nur von Norwegern, sondern auch von Russen bewohnt. Longyearbyen liegt auf Spitzbergen, der größten Insel des Archipels und der einzigen, die dauerhaft besiedelt ist. Die Haupterwerbsquelle ist der Kohleabbau, der von beiden Nationen betrieben wird.*

19 unten *Ein „Inukshoot", eine Steinfigur, die von den Kupfer-Inuit auf der Halbinsel Kent an der nord-kanadischen Küste errichtet wurde. Solche menschenähnlich geformten Figuren werden von den Eskimos errichtet, um die Karibuherden zu täuschen, die die Inukshoot meiden und so in die von den Jägern gewünschte Richtung ziehen.*

folge genauerer wissenschaftlicher Untersuchungen nach dem Zweiten Weltkrieg ergeben haben. Die Unterteilung gilt für die Tundra mit Ausnahme des Nordpolarmeeres und des grönländischen Inlandeises: Die Durchschnittstemperatur des wärmsten Monats muss zwischen 0 °C und 10 °C liegen, die Winter müssen immer lang und kalt sein und die Sommer kurz und kühl. Frosteinbrüche müssen das ganze Jahr möglich sein. Permafrostboden und jährliche Niederschlagsmengen unter 250 mm sind weitere Voraussetzungen. Die Vegetation muss ausschließlich aus niedrigen Sträuchern, Gräsern, Moosen und Flechten bestehen.

Die Bestimmung der arktischen Regionen wäre unvollständig ohne eine kurze Anmerkung über ihre Seegrenzen. Während in der Vergangenheit die maximale Ausdehnung des Packeises im Winter die Grenze des Nordpolarmeers definierte, sind heute die physikalischen Eigenschaften des Wassers, also Temperatur und Salzgehalt, ausschlaggebend. Die oberen Wasserschichten ergießen sich vom Polarbecken aus bis in den Kanadisch-Arktischen Archipel in der Beaufortsee. Der Großteil fließt in südlicher Richtung an der Ostküste Grönlands vorbei und strömt an der Westküste 500 km weit nach Norden. Ein Nebenzweig der Strömung reicht von der Baffinbai bis zu den Küsten Neufundlands und zur Halbinsel Labrador hinab. Ein anderer Ausläufer des Nordpolarmeers schließlich führt durch die Beringstraße hindurch und an der Tschuktschenhalbinsel und Kamtschatka entlang. Ein geringer Salzgehalt, der durch die Wassermassen der zahlreichen in das Nordpolarmeer mündenden Flüsse unter 31 bis 34 ‰ sinkt, sowie Temperaturen unter –1 °C sind kennzeichnend für die arktischen Gewässer.

An den eben beschriebenen Meeresströmungen fließen in umgekehrter Richtung wärmere Strömungen (Temperaturen über dem Gefrierpunkt) mit einem Salzgehalt von über 35 ‰ vorbei. Die wichtigste dabei ist der Golfstrom. Sein Einfluss ist nicht nur auf Spitzbergen, sondern auch an der Küste Norwegens und auf der Halbinsel Kola mit dem ganzjährig eisfreien Hafen Murmansk sowie auf Nowaja Semlja spürbar.

Man sieht, auch die Seegrenzen der Arktis lassen sich nur schwer durch genaue Linien festlegen: Die Ozeanographen beschränken sich

darauf, eine Trennungslinie zu ziehen, die sich am unterschiedlichen Salzgehalt und den unterschiedlichen Temperaturen des Wassers orientiert. Der Fortschritt gegenüber der ursprünglichen Definition, die sich auf die Ausdehnung des Winterpackeises stützte und so jährlichen Schwankungen unterworfen war, besteht darin, dass Verlauf und Reichweite der Meeresströmungen stets gleich bleiben und damit eine zuverlässigere Grenze darstellen.

__20 oben__ Ein Nordlicht (Aurora borealis) über Churchill, einer Kleinstadt an der Hudsonbai im Norden von Manitoba, Kanada. Dieses Phänomen kann man am häufigsten zwischen dem 60. und dem 70. Breitengrad beobachten. Churchill liegt knapp unterhalb des 60. Breitengrades.

20-21 *Ein Eisberg von ungewöhnlichen Proportionen treibt auf dem Scoresby Sund in Ost-Grönland. Im geisterhaften Abendlicht sieht er aus wie ein Marmorblock.*

21 oben *Im Spätsommer treiben nur wenige Eisschollen vor der Westküste Grönlands. Zwei Inuit gleiten im goldenen Abendlicht geräuschlos in ihrem Kajak auf dem glatten Meer dahin und hoffen auf Beute.*

21 unten *Es ist Frühling, und bei Anchorage (Alaska) haben Wind und Meeresströmungen unzählige Eisschollen des Winterpackeises angetrieben.*

22 oben *Taustellen auf dem Großen Sklavensee (kanadische Nordwestgebiete) im Frühling. Der See hat nach dem Großen Bärensee die zweitgrößte Oberfläche und verhält sich wie ein kleines Meer. Im Winter ist er von einer dicken, kompakten Packeisschicht überzogen, die sich im Frühling durch die Schubkraft der starken Nordwinde in Treibeis verwandelt.*

22 Mitte oben *Frühlingshafte Waldtundra im Gebiet des westsibirischen Stromes Taz. Wenn die Schneedecke geschmolzen ist, kommen die unzähligen Seen und Teiche zum Vorschein, mit denen der Boden übersäht ist. Sie sind eine Folge des Permafrostbodens, durch den sich das Wasser staut und nicht abfließen kann.*

22 Mitte unten *Auf Ellesmere Island, der nördlichsten Insel des Kanadisch-Arktischen Archipels, bringt der Frühling mit seinen –40 °C im März keine Veränderung für die winterliche Landschaft.*

22 unten *Sobald die Winterkälte den ersten milden Frühlingstagen weicht, ist der Eisfjord von Ilulissat (bis 1979 Jakobshavn) in West-Grönland überzogen mit Eisbergen vom Ilulissat Gletscher, der an der Spitze des Fjords liegt und mit seinen 25 000 Tonnen Eis pro Tag der produktivste der Welt ist.*

24-25 *Winterlandschaft in der kanadischen Arktis. Ein imposanter Eisberg ist in Küstennähe vom Packeis eingeschlossen. Diese Aufnahme entstand im März auf Ellesmere Island.*

26-27 *Eindrucksvoll: Ein Iglu in der Abenddämmerung. Der nach außen dringende Lichtschein offenbart die bemerkenswerte Bauweise: Das Iglu besteht aus Blöcken festen Schnees, die zu einer perfekten Kuppel spiralförmig übereinander geschichtet wurden. Es hält nicht nur den stärksten Winden stand, sondern kann auch eine behagliche Wärme in seinem Inneren speichern. Die Innentemperatur eines Iglus kann 40 bis 50 °C über der Außentemperatur liegen.*
Nicht alle Inuit-Kulturen bauen Iglus. Man findet sie in Kanada und Alaska, nicht jedoch in Grönland.

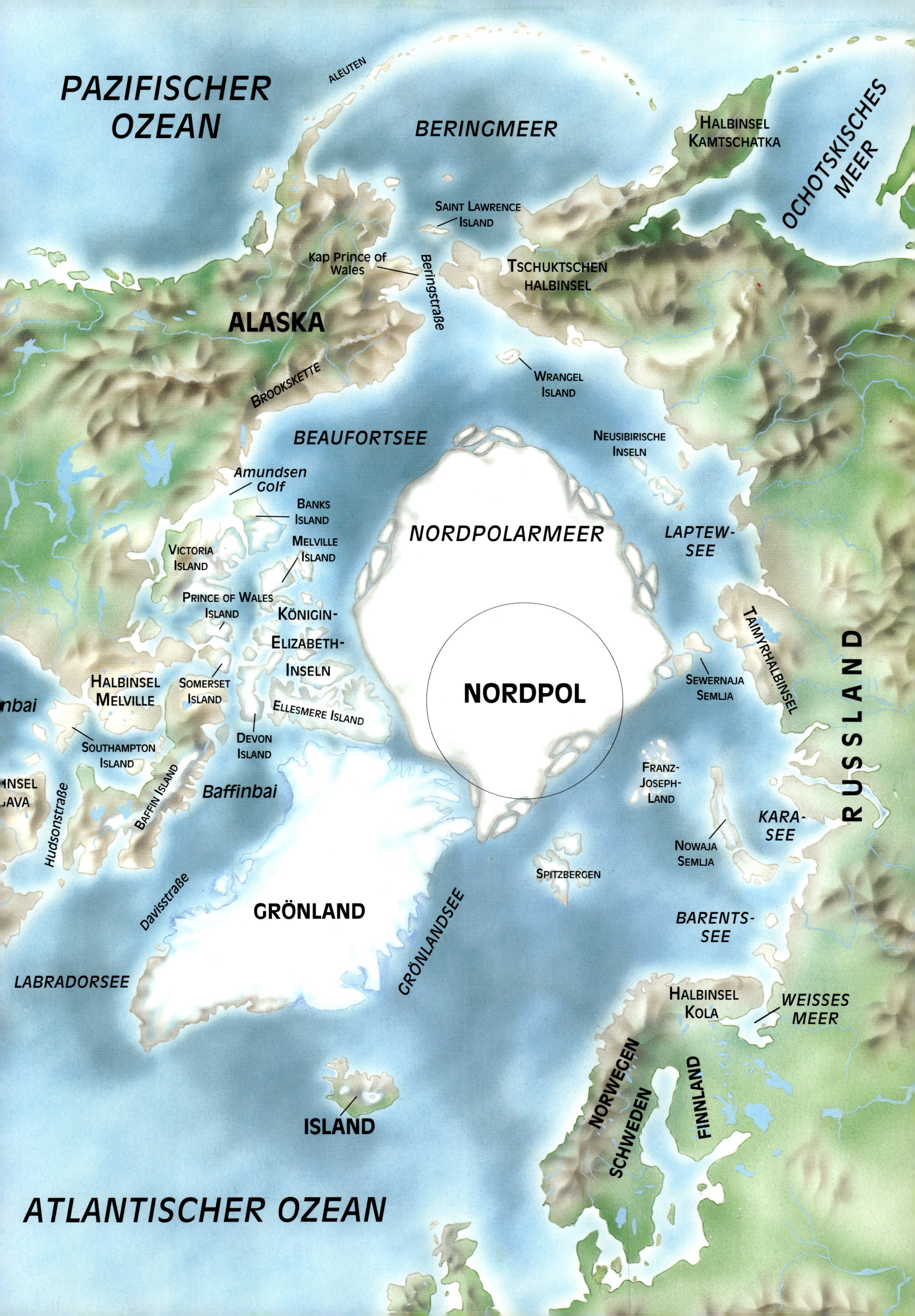
PAZIFISCHER OZEAN
ALEUTEN
BERINGMEER
HALBINSEL KAMTSCHATKA
OCHOTSKISCHES MEER
SAINT LAWRENCE ISLAND
Kap Prince of Wales
Beringstraße
TSCHUKTSCHEN HALBINSEL
ALASKA
BROOKSKETTE
WRANGEL ISLAND
BEAUFORTSEE
NEUSIBIRISCHE INSELN
Amundsen Golf
BANKS ISLAND
MELVILLE ISLAND
VICTORIA ISLAND
NORDPOLARMEER
LAPTEW-SEE
PRINCE OF WALES ISLAND
KÖNIGIN-ELIZABETH-INSELN
TAIMYRHALBINSEL
HALBINSEL MELVILLE
SOMERSET ISLAND
NORDPOL
SEWERNAJA SEMLJA
RUSSLAND
ELLESMERE ISLAND
DEVON ISLAND
SOUTHAMPTON ISLAND
FRANZ-JOSEPH-LAND
BAFFIN ISLAND
Baffinbai
Hudsonstraße
KARA-SEE
NOWAJA SEMLJA
SPITZBERGEN
Davisstraße
GRÖNLAND
GRÖNLANDSEE
BARENTS-SEE
LABRADORSEE
HALBINSEL KOLA
WEISSES MEER
NORWEGEN
SCHWEDEN
FINNLAND
ISLAND
ATLANTISCHER OZEAN

EIN NEUER KNOTENPUNKT IN DER HEUTIGEN WELT

28 links *Blick auf den Eisfjord, an dessen Ufer die Stadt Ilulissat liegt. Jeden Tag lösen sich von der Front des Ilulissat Gletschers riesige Eisberge, die sich, getrieben vom Wind und den Meeresströmungen, auf eine lange Reise in ferne Gegenden begeben.*

28 rechts *In Grönland gibt es viele Gletscher, deren Eismassen direkt ins Meer fließen. Sie sind der Ursprungsort der Eisberge. Oft läuft ein Fjord in einem Gletscher aus. Dieser ist das Überbleibsel einer weit größeren Vereisung, welche einst den Meeresarm aushöhlte. Infolge des steigenden Meeresspiegels am Ende der letzten Eiszeit füllte sich dieses Trogtal später mit Wasser.*

Der Wechsel zwischen langen strengen Wintern und kurzen kühlen Sommern übt den größten Einfluss auf das Klima der Arktis und somit auch auf die Pflanzen- und Tierwelt sowie auf das Leben des Menschen aus.
Die meteorologischen Phänomene sind im Grunde die gleichen wie in gemäßigten Breiten. Der einzige Unterschied besteht in den Temperaturbedingungen, unter denen sich diese Phänomene ereignen. Verglichen mit südlicheren Gegenden ist die Luft im Polargebiet kälter und enthält mehr Ozon und weniger Kohlendioxid. Sie ist extrem trocken und frei von jeglicher Verschmutzung.
Die geringe Luftfeuchtigkeit hängt mit den niedrigen Temperaturen zusammen. Da es keine Verunreinigungen der Luft gibt, ist diese Luft extrem klar und die Fernsicht hervorragend. Dieser Umstand macht es außerordentlich schwer, Entfernungen richtig einzuschätzen und hat schon oft Seefahrer und Reisende auf ihrem Weg durch die Arktis getäuscht.
Ein anderes Phänomen des Nordens, das besonders bei Windstille im Winter vorkommt, ist die Inversion, d. h. die Lufttemperatur nimmt mit steigender Höhe zu. Der Grund dafür ist, dass sich durch die Schneedecke die Luft in Bodennähe schneller abkühlt als die oberen Luftschichten. Die wärmere Luftschicht wirkt für die Schallwellen wie ein Verstärker sodass bei Windstille Sicht- und Hörweite enorm steigen. Eine andere Folge der Inversion sind Luftspiegelungen, Fata Morganen. Eine Insel, eine Gebirgskette, ein Schiff oder dergleichen erscheint am Horizont um ein paar Grad vom tatsächlichen Standpunkt des gespiegelten Objekts verschoben. Oft gibt es Mehrfachspiegelungen, oder Bilder erscheinen auf den Kopf gestellt. In der Geschichte der Arktisseefahrt sind mehrere solcher Episoden bekannt: Als John Ross in den Lancaster Sound segelte, sah er eine Gebirgskette vor sich aufragen, die ihn an der Fortsetzung seiner Reise hinderte. Diese und auch das mehrmals von Robert Peary gesichtete „Crockerland“ stellten sich später als Trugbilder heraus.
Während die klare Luft der Arktis bei Windstille eine exzellente Fernsicht ermöglicht, kann sich die Sichtweite unter bestimmten meteorologischen Bedingungen auf praktisch null reduzieren. Im Winter und im Frühling können die Schneekristalle an der Oberfläche der Schnee-

28-29 *Der Angmagssalikfjord (Ost-Grönland) im Spätsommer. In den zwanziger Jahren siedelte die dänische Verwaltung etwa 20 Familien von der Westküste in Angmakssalik an, um die damals nahezu unbewohnte Ostküste zu bevölkern.*

29 *Noch eine Ansicht des Eisfjords, der mit unzähligen Eisbergen vom Ilulissat Gletscher bedeckt ist. Dieser wälzt sich um 30 m pro Tag voran und kalbt alle fünf Minuten einen Eisberg.*

30 links *Winter im Kronotsky-Naturreservat (Kamtschatka). Das Gebiet liegt am Zusammenfluss der wärmeren pazifischen und der aus dem Norden kommenden polaren Meeresströmungen. Wenn die unterschiedlichen Wettergebiete aufeinander treffen, werden oft heftige Stürme ausgelöst.*

30 rechts *Point Barrow, Alaska. Eine Hütte, die die Inupiak-Inuit für den Fischfang im Sommer errichtet haben, während eines Blizzards im Januar. Diese Stürme, die für gewöhnlich mindestens drei Tage anhalten, legen jegliche Aktivität von Mensch und Tier lahm. Der starke Wind und die Kälte üben eine verheerende Wirkung auf jedes Lebewesen aus. Sogar der Eisbär häuft bei diesen Unwettern Schnee auf, um sich einen Schutz zu bauen.*

decke durch die kalte und trockene Luft vom Wind weggetragen werden. Eine Windgeschwindigkeit von 15 km/h reicht aus, um den Pulverschnee aufzuwirbeln. Erhöht sich die Windgeschwindigkeit, ist die Luft erfüllt von den herumwirbelnden Schneekristallen, die die Sicht auf wenige Meter reduzieren können.

Bei solch einem Wetter kann kein Flugzeug landen, und die Schlittenhunde weigern sich, sich gegen den Wind zu stemmen. Ein Forscherteam, das sein Lager im Schneesturmgebiet aufgeschlagen hat, ist nicht einmal in der Lage, die in der Nähe aufgestellten Messgeräte zu erreichen, wenn nicht rechtzeitig vorher Verbindungsseile ausgelegt wurden. In windigen Gegenden herrscht das Schneetreiben manchmal mehr als hundert Tage im Jahr.

Bei Windstille und sehr niedrigen Temperaturen taucht ein weiteres Problem auf: Durch die Inversion gefrieren Industrie- und Autoabgase, vor allem über Flughäfen und Industrieanlagen, zu einem dichten Nebel. Viel schwerwiegender als diese lokal beschränkten Erscheinungen ist jedoch der Eisnebel, der durch den Zustrom warmer Luft vom Atlantik oder dem Pazifik in noch winterlichen Regionen oder auf dem Packeis entsteht. Die Luftmassen aus dem Süden haben eine höhere Luftfeuchtigkeit und geben diese beim Zusammentreffen mit kalten Oberflächen in Form von Niederschlägen an die Umwelt ab, oder sie schieben sich als Nebelbänke langsam nordwärts. Die Sicht kann acht bis zehn Tage lang gleich null sein.

Im Sommer und im Herbst, wenn sowohl ausgedehnte Packeisfelder als auch große, freie Wasserflächen vorhanden sind, bildet sich ebenfalls ein dichter Nebel, der mindestens 30 bis 40 Tage im Jahr den Kanadisch-Arktischen Archipel und die sibirische Küste einhüllt.

Ein Phänomen, das dem Auge des Menschen oft zu schaffen macht, ist die Schneeblindheit, die dazu führt, dass man jegliches Gefühl für räumliche Tiefe verliert und nicht imstande ist, auf einem auch nur leicht unebenen Boden zu gehen. Schneeblindheit ist vom gleichzeitigen Auftreten zweier Faktoren abhängig: eine geschlossene Schneedecke und ein durch eine Wolkenschicht hervorgerufenes diffuses Licht. Diese Bedingungen können zur Schneeblindheit führen, die schwerwiegende, nur langsam heilende Augenschäden zur Folge haben kann.

31 *Ein fast vollkommen schneebedeckter Schlittenhund. Die Hunde der Inuit sind fast alle Mischlinge verschiedener nordischer Rassen, wie z. B. Alaskan Malamute, Grönländer und Sibirian Husky. Alle diese Hunde haben einen robusten Knochenbau und eine mittlere bis große Statur. Ihre kleinen Ohren, die fellbedeckten Pfotenunterseiten und ein buschiger Schwanz, mit dem sie während eines Blizzards Nase und Augen bedeckt halten, ermöglichen es ihnen, den arktischen Temperaturen standzuhalten. Außerdem besitzen sie, wie auch die Wölfe und Füchse, einen doppelten Pelz aus langen, farbigen Grannenhaaren und einer sehr dichten Unterwolle, die sie im Sommer verlieren.*

30-31 *François an der Südküste Neufundlands liegt genau gegenüber den Inseln Miquelon und Saint-Pierre, die zu Frankreich gehören. Wie andere ähnliche Siedlungen ist es nur über den Seeweg erreichbar. Im Winter liegt Neufundland im Einflussbereich des kalten Labrador- und des gemäßigten Atlantikstroms. Der Nebel hängt monatelang über dem Gebiet. Er kann plötzlich entstehen, auch im Sommer, und wenn zusätzlich der Nordwind weht, wird die Insel von Schneestürmen heimgesucht, die die Bewohner vollkommen von der Außenwelt abschneiden.*

32 Im matten Licht der von einer Schicht winziger Eisnadeln getrübten Sonne prüft ein Karibu-Inuk in der Nähe von Baker Lake – einem Ort unweit der Nordspitze der Hudsonbai – mit Hilfe eines Stabes, ob der Schnee fest genug ist, um in Blöcke geschnitten und für den Bau von Iglus verwendet zu werden.

32-33 Während eines Schneesturms versucht ein Mitglied einer Expedition ins grönländische Inlandeis mit einer Schneeschaufel das halb eingeschneite Zelt freizulegen. Diese Stürme dauern in der Arktis durchschnittlich drei Tage und lähmen Mensch, Tier und Maschine.

Ein besonders kurioses Ereignis sind Sonnenringe und Nebensonnen, Spiegelungen der Sonne. Sie treten gleichzeitig auf: Die wirkliche Sonne erscheint im Zentrum und ist von zwei konzentrischen Sonnenringen (Halos) umgeben. Auf dem inneren Ring können sich, parallel zum Horizont, zwei weitere Sonnen zeigen. Manchmal sieht man sogar drei Sonnen: Eine von ihnen berührt dann den Horizont. Im seltensten und vollkommensten Fall strahlen außer der wirklichen Sonne vier Nebensonnen, die jeweils auf den vier Himmelsrichtungen liegen. Das gleiche Phänomen lässt sich auch beim Mond beobachten. Die optischen Täuschungen können ein paar Minuten, aber auch einige Stunden dauern.

Das beeindruckendste Naturschauspiel ist für den Arktisreisenden aber die so genannte „Aurora borealis", das Nordlicht. Ihr Gegenstück am Südpol ist die „Aurora australis", das Südlicht. Ein blasser Vorhang aus Linien in wunderbar zarten Grün-, Rosa- und Rottönen bedeckt einen großen Teil des Himmels und taucht die Arktis in ein durchscheinendes, geisterhaftes Licht. Dieses Phänomen findet in einer Höhe zwischen ca. 70 und 1000 km statt, obwohl es dem Beobachter scheint, als berühre der leuchtende Vorhang den Horizont. Nicht täuschen kann dagegen die Ausdehnung dieser sich ständig verändernden Lichtstreifen. Das Auge ist in der Lage, sie bis zu einer Entfernung von schätzungsweise 300 km zu erfassen. Polarlichter können in einem fast kreisförmigen Bereich von 2500 km Durchmesser vorkommen, dessen Mittelpunkt mit dem magnetischen Nordpol übereinstimmt. Während der letzten Jahrtausende befand sich der magnetische Nordpol am nördlichsten Punkt der Erde im Kanadisch-Arktischen Archipel. Er verschiebt sich jedes Jahr um 5 bis 6 km und liegt derzeit im Gebiet von Bathurst Island. Polarlichter treten aber eher selten im Bereich zwischen dem 80. und dem 90., sondern häufiger zwischen dem 60. und dem 70. Breitengrad auf. Bei Tageslicht auftretende Polarlichter kann man nicht sehen.

Verantwortlich für dieses Naturschauspiel ist der so genannte „Solarwind", der zu bestimmten Jahreszeiten besonders intensiv ist und mit einer Geschwindigkeit von 500 bis 600 km/s durch das All fegt. Er besteht fast vollständig aus ionisierten Helium- und Wasserstoffkernen,

33 *Ein Proviantlager für Notfälle. Es wurde von der kanadischen Armee angelegt und ist mit einem Metallnetz gegen wilde Tiere geschützt. An dem rotweißen Signal, das am oberen Ende eines 5 m hohen Gittermastes angebracht ist, kann man es schon von weitem erkennen.*

34 links *Auf diesem Bild erscheint die Sonne am Horizont durch die dichten und feuchtigkeitsreichen Luftschichten über dem Meer verzerrt.*

34 rechts *Der Mond über der Hudsonbai am äußersten nördlichen Rand von Manitoba erscheint rot, da die Lichtstrahlen zum Horizont eine größere Entfernung zurücklegen müssen als zum Zenit. In der Luft ist ein gewisser Feuchtigkeitsgehalt vorhanden.*

die, wenn sie mit den verdünnten, ans Magnetfeld der Erde gebundenen Gasen der Stratosphäre zusammentreffen, eine ungeheure Energie freisetzen. Nur ein geringer Teil davon, etwa 3 bis 4 %, wird als Licht am Himmel sichtbar. Der Rest geht als unsichtbare Strahlung ab, die im Ultraviolettbereich die Frequenz von Röntgenstrahlen erreichen, aber auch im Infrarotspektrum liegen kann. Sie sorgt für Störungen bei der Radiowellenübertragung und wirkt sich nicht nur auf die Ausstrahlung von Fernseh- und Radioprogrammen, sondern auch auf die Stromversorgung problematisch aus. Es wurden auch Korrosionserscheinungen an Metallkonstruktionen und Induktionsströme in elektrische Leitungen und in die Trans-Alaska-Pipeline beobachtet, die von Prudhoe Bay nach Valdez verläuft. Die Energiemenge, die bei einer stärkeren Aurora borealis frei wird, ist größer als die aller Länder der Welt zusammen: eine Spannung von einer Billion Volt bei einer Stromstärke von einer Million Ampere.

Die Wand aus Licht, die sich in einem Bogen von Osten nach Westen über den Horizont zieht, stellt die häufigste Form des Nordlichts dar. Wenn das Phänomen an Intensität zunimmt, beginnt diese Wand, sich zu wellen, sich in sich selbst zu krümmen und gewaltige s-förmige Kurven zu bilden, um sich dann erneut aufzubauschen. Je energiegeladener die Partikel des Solarwindes sind, desto tiefer drin-

34-35 *Sonnenuntergang in der eiskalten arktischen Ebene. Die unregelmäßige Form der Sonnenscheibe am Horizont ist ein Anzeichen für thermische Inversion, die darauf zurückzuführen ist, dass die Luft in Bodennähe kälter ist als die darüber liegenden Luftschichten.*

35 *Die Sonne geht unter, während ein Schneesturm (Blizzard) über das Land fegt. Die winzigen Eiskristalle bilden einen unregelmäßig geformten Halo um die Sonne und trüben die Umrisse der Landschaft.*

36-37 *Zwei junge Eisbären schlafen friedlich aneinander geschmiegt, nachdem sie sich vermutlich ausgiebig ausgetobt haben.*

37 rechts *Begegnung zweier junger Männchen. Das Beriechen und die aufrechte Haltung gehören zum Ritual.*

37 links *Auch im Winter, wenn die Sonne nur wenige Stunden am Tag tief am Horizont erscheint und dort einen hellen Streifen oder nur einen schwachen Schimmer erzeugt, streunen die unermüdlichen Eisbären, in diesem Fall ein Männchen, auf dem Packeis und dem gefrorenen Land umher. Diese Tiere ertragen dank ihrer während des Sommers angefressenen Fettschicht und ihres dichten, isolierenden Pelzes selbst die niedrigsten Temperaturen – bis zu 50 °C unter Null.*

gen sie in die Ionosphäre ein und desto höher türmt sich die Lichtwand am Horizont. Durch Photometer, die nur auf eine Farbe sensibel reagieren, hat man Aufschluss über die Prozesse erhalten, die bei der Entstehung von Polarlichtern ablaufen. Im Spektrum des Polarlichts dominieren die Farben Rot, Grün und Blauviolett.

Während sich das ganze Universum aus Plasma zusammensetzt, also aus ionisierten Teilchen, unterscheiden wir auf der Erde die drei Aggregatzustände der Materie: fest, flüssig und gasförmig. Die Aurora borealis ist das uns nächste Ereignis, bei dem das Plasma in Erscheinung tritt. Sie ist nicht nur als Naturschauspiel, sondern auch vom wissenschaftlichen Standpunkt aus hochinteressant und stellt eines der größten Rätsel dieser Erde dar, die derzeit von den Wissenschaftlern untersucht werden.

Ein weiterer Faktor, der schwerwiegend in das Leben der Menschen eingreift und eine Vielzahl ihrer Aktivitäten einschränkt, ist die Polarnacht. Da jedoch der „Polarmensch" nicht genau am Pol, sondern in einem Gebiet zwischen dem 60. und dem 80. Breitengrad lebt, ist die Nacht nie vollkommen finster. Ein schwacher Lichtschimmer erhellt die Landschaft auch dann noch, wenn die Sonne sich 6° unterhalb des Horizonts befindet. Selbst am kürzesten Tag des Jahres herrscht auf 72° 30' nördlicher Breite noch ein Dämmerlicht, das die Orientierung ermöglicht. Die Schneedecke wirkt als natürlicher Reflektor des schwachen Sonnenlichts. Doch nicht nur die Sonne, sondern auch der Mond spendet dank der klaren, sauberen Winterluft sanfte Helligkeit, sodass sich der Mensch dank der scharfen Umrisse der Landschaft auch auf unebenem Gelände zurechtfinden kann. Im nahen Umkreis des Pols geht der Mond zwei Wochen lang nicht unter.

Der Himmel über der Arktis bietet also eine Vielzahl an unterschiedlichsten Naturschauspielen, doch das Meer steht ihm darin in nichts nach: Es hat ebenfalls viele Gesichter. Wenn es in der Arktis ein Element gibt, um das sich alles dreht, dann ist es das Meer. Seine Erforschung ist mindestens so wichtig wie die Erkundung der Landmassen, die es umgeben.

Die Oberfläche des Nordpolarmeers ist doppelt so groß wie die der Tundra und biologisch viel produktiver als das Land in jenen Breiten. Doch das interessanteste Faktum ist, dass es andere physikalische Eigenschaften hat als die übrigen Meere. Der größte Unterschied liegt in der ausgedehnten Eisebene, die es fast vollständig bedeckt: Dieser Schild auf dem nördlichsten Teil der Erde besitzt eine enorme Reflektionskraft, die um ein Mehrfaches die Reflektionskraft von Schnee übersteigt. Er kann 85 bis 88 % des auftreffenden Sonnenlichts zurückwerfen.

Beim Eis der Arktis unterscheidet man drei Arten: Das küstenfeste Eis, das sich am Küstensaum bildet und im Sommer zum Treibeis hinzukommt (Fast ice); das Treibeis, das ständig in Bewegung ist (Drift ice) und das Packeis (Polar pack). Letzteres weist die größten Besonderheiten auf. Die Lufttemperatur liegt im Sommer bei nur wenigen Grad über Null und reicht nicht aus, um das Eis der Polkappe zum Schmelzen zu bringen; daher können einige Schichten des Polareises viele Jahre alt sein. Dank der isolierenden Wirkung des Eises kann die Eisdecke eine gleichmäßige Dicke von etwa 3 m erreichen, außer an Stellen, an denen sich zwei aufeinander treffende Eisplatten durch gegenseitigen Druck übereinander schieben. Dort ist das Eis 6 bis 10 m dick. Diese Stellen sind jedoch selten, da der Nordpol eine meteorologisch relativ ruhige Zone und die Eisdecke sehr dick und kompakt ist. Freie Flächen sind selten, sodass kein großer Bewegungsspielraum besteht.

Ganz anders verhält es sich mit dem Treibeis, das ständig in Bewegung ist und viele freie Wasserflächen zwischen den einzelnen Eisfeldern aufweist. Beim Zusammenprall zweier Eisplatten entstehen Barrieren, die für Hundeschlitten schwer zu überwindenden sind, so genannte „Hummocks". Kleinere Eisfelder vereinigen sich zu großflächigen und zerbrechen später wieder zu Eisschollen von wenigen Quadratmetern. Dies geschieht bis weit in den Herbst hinein. Im Winter füllen sich die Zwischenräume mit Jungeis, sodass die Eisdecke vom Flugzeug aus als Panzer aus einem Guss erscheint. Das Packeis ist widerstandsfähiger und härter als das Treibeis. Aufgrund seines hohen Alters hat das Packeis fast seinen gesamten Salzgehalt an das umgebende Wasser abgegeben. Sein Farbton ist transparent mit grünblauem Schimmer. Das gerade erst entstandene Jungeis und auch das Eis an der Küste ist dagegen weiß und fast undurchsichtig.

38 *Dieser Sonnenuntergang auf der Insel Twillingate, vor der großen Insel Neufundland, verspricht gutes Wetter für den nächsten Tag. Auf dem Bild ist der Leuchtturm an der Nordspitze der Insel zu sehen.*

38-39 *Ein Regenbogen zieht sich in einem perfekten Halbkreis über den Himmel. Darüber ist angedeutet ein zweiter, größerer zu erkennen. Die Aufnahme wurde in Wager Bay in den Barren Lands, Ost-Kanada, gemacht*

39 links *Wie flüssige Lava überziehen Stratokumuliwolken den Himmel. Das Wetter in der Arktis ist äußerst unbeständig, und das Gleichgewicht zwischen den wärmeren, feuchten und den kalten, trockenen Luftmassen ist immer starken Schwankungen unterworfen.*

39 rechts *Die Dämmerung taucht die an einem Küstenstreifen in Alaska angeschwemmten Eisbrocken in ein violettes Licht. Bei Sonnenuntergang sinkt die Temperatur unter Null, und jedes durch die sich bewegenden und gegeneinander stoßenden Eismassen verursachte Geräusch verstummt.*

Bewegungsrichtung und -geschwindigkeit des Treibeises werden durch den Wind und die Meeresströmungen der Arktis bestimmt. Der Winkel zwischen Windrichtung und Bewegungsrichtung des Eises beträgt zwischen 25° und 45°, die Bewegungsgeschwindigkeit liegt bei einem Fünfzigstel der Windgeschwindigkeit. Bei Windstille hängen Richtung und Geschwindigkeit des Treibeises nur von der Meeresströmung ab. Im eurasischen Teil fließen die Meeresströmungen von Osten nach Westen.
Diese Tatsache machte sich der norwegische Polarforscher Fridtjof Nansen zunutze, als er sich 1893 bis 1896 mit seinem vom Eis eingeschlossenen Schiff *Fram* von den Neusibirischen Inseln an treiben ließ, um sich dem Nordpol zu nähern. Die Drift folgte jedoch einem südlicheren Verlauf, und er gelangte zu einem Punkt nördlich von Franz-Joseph-Land. Die Richtung dieser Drift wird hinreichend durch das Treibholz belegt, das aus den Flüssen Asiens ins Meer gelangt und auf Spitzbergen und an der grönländischen Küste angeschwemmt wird. Ein Arm derselben Strömung führt an der Nordseite von Spitzbergen und Grönland vorbei, schlägt um Ellesmere Island einen Bogen, fließt dann ins nordkanadische Archipel (Königin-Elizabeth-Inseln) und endet schließlich in der Beaufortsee.
Das Eis der Küstenzone hängt stark vom Neigungswinkel der Kontinentaltafel ab. An der Küste Sibiriens, vor der die größte Schelfzone des Globus liegt, die hunderte von Kilometern weit ins Meer reicht und sehr flach ist, entstehen schier endlose Felder von Festeis, von denen im Sommer Stücke abbrechen und zu Treibeis werden. Im Falle Sibiriens muss man beachten, dass viele große Flüsse, obwohl sie acht Monate im Jahr zugefroren sind, beträchtliche Mengen wärmeren Süßwassers ins Meer leiten. Im Spätfrühling führt dieses Wasser dazu, dass das Eis an der Küste zerbricht und abdriftet, im Herbst sorgt es dagegen dafür, dass das Meer aufgrund des geringeren Salzgehalts am Küstensaum schneller zufriert. Ähnliche Bedingungen finden wir in Kanada an der Mündung des Mackenzie in die Beaufortsee.
Eine Besonderheit des arktischen Meeres sind die so genannten „Polynyas“, Wasserflächen, die ständig eisfrei sind. Die bekanntesten tun sich vor der Mündung des Jana in der Nähe der Laptewsee und vor der Nordküste Grönlands

40-41 *Der Mond und eine schwach leuchtende Aurora borealis im Golf von Agardh am Osthang der Insel Spitzbergen.*

41 links *Die Stadt Tromsø in Norwegen liegt auf fast 70° nördlicher Breite. Das Bild entstand im Februar, wenn das Tageslicht nur wenige Stunden anhält.*

41 rechts *Innenraum eines Hauses im Kronotsky-Naturreservat. Das Reservat befindet sich an der Ostküste von Kamtschatka in der russischen Subarktis. Der Norden dieses Territoriums wird von den Korjaken bewohnt, auf dem Rest der Halbinsel leben Itelmen und Ewenen.*

auf. Man nimmt an, dass das Zusammenwirken von bestimmten vorherrschenden Winden und Meeresströmungen für dieses Phänomen verantwortlich ist.
Aktuelle Messungen mittels Bojen mit eingebautem Sender, die überall im Polarbecken ausgesetzt wurden, lieferten interessante Ergebnisse hinsichtlich des sommerlichen Temperaturanstiegs in der Arktis: Dieser ist zu zwei Dritteln auf maritime Einflüsse und zu einem Drittel auf den Zustrom südlicher Luft zurückzuführen. Das flüssige Element ist also von grundlegender Bedeutung für das Klima im hohen Norden.
Der folgende Überblick soll den Austauschmechanismus zwischen dem kalten, salzarmen und deswegen leichten Oberflächenwasser der Arktis und den aus dem Atlantik eintretenden wärmeren, salzhaltigeren Wassermassen größerer Tiefen darstellen:

Zufluss (Inflow):		*Abfluss (Outflow):*	
Atlantik	85 %	Ost-Grönland-Strom	75 %
Pazifik	8 %	Kanadischer Strom	25 %
Flüsse	4 %		
Niederschlag/ Verdunstung	3 %		
	100 %		100 %

Der Wasseraustausch beträgt 4,5 Mio. m^3 pro Sekunde.
Wie aber entsteht Eis? Welche Prozesse führen dazu, dass Seen und Meere zufrieren? Süßwassereis entsteht ganz anders als Meereis. Im ersten Fall muss die Temperatur nur unter Null sinken, damit sich eine glänzende, durchsichtige Eisschicht bildet, deren Dicke zunimmt, je länger die niedrigen Temperaturen anhalten. Im Baikalsee kann man z. B. die Fische selbst durch eine 1 m dicke, transparente Eisdecke hindurch noch deutlich sehen. Da es keinen Seegang gibt, kann sich Eis leichter bilden. Außerdem friert ein See immer von den Ufern zur Mitte hin zu und taut in derselben Richtung wieder auf.
Bei der Entstehung von Meereis sind die Vorgänge aufgrund des Salzgehalts komplizierter. Die Temperaturen müssen weiter sinken und es muss ein Prozess in Gang kommen, bei dem das Salz aus den oberen Schichten allmählich nach unten wandert, während sich an der Oberfläche unter Einwirkung der Luft ein Brei aus Salz- und Eiskristallen bildet. Wenn das Thermometer noch weiter sinkt, festigt sich der Eisbrei und gibt noch mehr Salz nach unten und zum Teil an die Oberfläche ab, wo sich durch den Kontakt mit der Luft ein Reif aus Eis- und Salzkristallen absetzt. Bei einer Dicke von 5 cm ist das Jungeis schon sehr elastisch. Das Gewicht der Hundeschlitten und -meuten versetzt es in Schwingungen, doch trotz des unangenehmen Gefühls, das diese Wellenbewegung hervorruft, ist das Eis sicher.
Im Winter wächst die Jungeisschicht und gibt Salz vor allem nach unten ab. Die Wind und Schnee ausgesetzte Oberfläche dagegen wird immer salzärmer, bis sie schließlich im darauf folgenden Frühjahr als Trinkwasser oder für die Kaffee- und Teezubereitung verwendet werden kann. Wenn das Jungeis aber durch starken Seegang, z. B. während eines Sturms, in viele kleinere Eisschollen zerbricht, so runden diese sich durch den Zusammenstoß mit anderen Eisschollen gegenseitig ab. Man spricht dann von einer „Pancake-Struktur", also einer „Pfannkuchen-Oberfläche". An den Rändern der Eisschollen lagern sich Salz- und Eiskristalle ab und verleihen ihnen das Aussehen überdimensionaler Seerosenblätter. Solche Veränderungen vollziehen sich stets in Küstennähe und nie auf offener See.
Was die Schiffbarkeit der arktischen Meere angeht, so ist ein Zitat Armstrongs angebracht, das im „Arctic"-Magazin erschienen ist: „Ihre wichtigste Anwendung finden die Ergebnisse der Meereisforschung in der Schifffahrt. Es gibt aber auch andere Anwendungsbereiche: Für ein Flugzeug ist es wichtig, auf dem Eis einen sicheren Landeplatz zu finden. Fahrzeuge müssen sich eine sichere Route über Eisflächen bahnen, die ihr Gewicht tragen können. Klimatologen suchen nach Zeichen, die Klimaveränderungen ankündigen, und Meteorologen suchen nach Möglichkeiten für Wettervorhersagen. Doch von all diesen Fragen ist keine so wichtig wie die Frage der Schiffbarkeit."
In der Arktis bieten sich für den Schiffsverkehr zwei große Seewege an: Die Nordwestpassage durch den nordkanadische Archipel hindurch, sowie die Nordostpassage entlang der sibirischen Küste: Beide verbinden den Atlantik mit dem Pazifik und stellen eine Alternative zu den Tropenrouten dar. Die Nordwestpassage ist

43 links *Mondbeschienene Polarlandschaft im Scoresby Sund an der Ostküste Grönlands. Dank der klaren Luft im hohen Norden und dank des schnee- und eisbedeckten Bodens, der wie ein Reflektor wirkt, ermöglicht das Mondlicht es dem Menschen, einigen Tätigkeiten z. B. Jagen oder Fischen nachzugehen.*

43 rechts *Eine Aurora borealis in Grönland. Die Lichtstreifen, die in Wirklichkeit einige hundert Kilometer von der Erde entfernt sind, scheinen aufgrund einer optischen Täuschung den Horizont zu berühren.*

42 *Nordlicht in Fairbanks, Zentral-Alaska. Bei diesem Phänomen werden riesige Mengen Energie frei. Es ereignet sich, wenn der „Solarwind" – ionisierte, sich mit großer Geschwindigkeit bewegende Teilchen in der Erdatmosphäre – mit verdünntem Stickstoff und Sauerstoff zusammentrifft. Während der gesamten Dauer des Phänomens können Störungen bei der Übertragung von Rundfunksendungen und in der Stromversorgung auftreten.*

42-43 *Ein Boot der norwegischen Küstenwache durchquert die polaren Gewässer des Eisfjords, des großen Meeresarms, der tief ins Innere der Insel Spitzbergen im gleichnamigen Archipel reicht. An der Küste des Eisfjords liegt die Kleinstadt Longyearbyen, der bedeutendste Ort der gesamten Inselgruppe. Er ist durch Linienflüge der SAS an Norwegen angebunden.*

nicht nur der Weg, der den Seefahrern der vergangenen Jahrhunderte am meisten Kopfzerbrechen bereitete – sie wurde erst zu Anfang dieses Jahrhunderts vom großen Entdecker Roald Amundsen bewältigt (1903–1906) –, sondern sie erfordert auch immer noch den Einsatz besonders ausgerüsteter, mit verstärktem Bug und Kiel ausgestatteter Schiffe, denen am besten noch ein Eisbrecher voranfährt.
Die Nordostpassage dagegen wurde zum ersten Mal vom schwedischen Entdecker Adolf Erik Nordenskiöld in den Jahren 1878–1879 zurückgelegt und von da an mehrmals wiederholt, sodass man die Reise Anfang dieses Jahrhunderts schon im Lauf eines Jahres hinter sich bringen konnte.
Für die Russen erwies sich dieser Wasserweg als äußerst wichtig, da weder Straßen noch Bahnlinien in die abgelegenen Gebiete Nordsibiriens führten. Nach dem Anbruch der kommunistischen Ära stürzte man sich mit Elan auf den Bau einer ganzen Flotte von Eisbrechern: Auch heute ist Russland auf dem Gebiet der Arktisseefahrt mit mehr als 60 Schiffen dieser Art führend. Einige von ihnen haben mehr als 15 000 Tonnagen, eine Leistung von 75 000 PS und werden mit Kernenergie angetrieben. Im Allgemeinen bahnt ein Eisbrecher einem Konvoi von Handelsschiffen den Weg. Die Strecke wird heute mithilfe der Küstenstationen, die eigens dafür errichtet wurden, um die Seefahrt in diesen Gebieten zu erleichtern, manchmal auch in weniger als zwei Monaten zurückgelegt. Entlang der Route Murmansk/Anadyr' gibt es 120 hydrometeorologische Messstationen, die die detailliertesten aktuellen Informationen über den Zustand der Eismassen liefern. Diese Werte werden von den Beobachtungen der auf den Eisbrechern selbst oder an den Küstenstützpunkten stationierten Hubschrauber ergänzt.
Die Arktis hat in den letzten 40 Jahren auch für den kommerziellen Flugverkehr stark an Bedeutung gewonnen. 1954 eröffnete die SAS die Linie Kopenhagen/Los Angeles, der bald die Verbindungen Amsterdam/Vancouver, London/San Francisco und Kopenhagen/Tokio folgten. Zwischenlandungen erfolgten entweder in Frobisher Bay (Kanada) oder in Anchorage (Alaska). Da immer bessere Flugzeuge gebaut wurden und der sibirische Raum für die internationale Luftfahrt erschlossen wurde, er-

45 oben *Diese Aufnahmen einer Aurora borealis entstanden in Kanada. Deutlich sind die leuchtenden Streifen oder Vorhänge zu sehen, die langsam am Himmel fluktuieren und S-Kurven bilden. Die unterschiedliche Farbe der Nordlichter hängt mit dem Übergewicht der ionisierten Gase Stickstoff bzw. Sauerstoff innerhalb der Erdatmosphäre zusammen, die in molekularer oder atomarer Form vorliegen können. Nur 3 bis 4 % der frei werdenden Energie sind für das menschliche Auge sichtbar. Zu etwa 97 % wird die Energie in Infrarot- und Ultraviolettfrequenzen abgestrahlt, die nur mit speziellen Geräten gemessen werden können.*

44-45 *Nordlichter sind nicht in der gesamten Arktis sichtbar, sondern nur in einem fast runden Umkreis von 2500 km Durchmesser um den magnetischen Nordpol. Je weiter man nach Süden geht, desto mehr verschwinden die Grün- und Violetttöne sowie die gewundenen Streifen. Die Aurora borealis reduziert sich dort auf ein diffuses rotes Leuchten.*

folgt auf der Strecke Europa/Japan momentan keine Zwischenlandung. Die Installation von Funkfeuern und leistungsstarken Radaranlagen brachte einen hohen Bedarf an elektrischer Energie und qualifizierten Fachkräften mit sich. Teilweise wurden die Stationen der großen amerikanischen Verteidigungslinie DEW Line (Distant Early Warning) genutzt, die die Vereinigten Staaten in den Jahren des Kalten Krieges (1952–1957) auf grönländischem und kanadischem Territorium aufgebaut hatten. Dieses ausgezeichnete Frühwarnsystem, das 600 Millionen Dollar gekostet hat, hatte schon einen Großteil seiner militärischen Bedeutung eingebüßt, als Interkontinentalraketen und Langstreckenunterseeboote, beide mit Nuklearantrieb, eingeführt wurden. In der heutigen Zeit des Friedens zwischen den USA und Russland werden einige Stationen von wenigen Angehörigen des Militärs und von zivilem Personal in Betrieb gehalten, denn sie sind noch immer eine wertvolle Unterstützung bei Polüberquerungen.

Ihre wahre Bedeutung für Wirtschaft und Politik verdankt die Arktis jedoch ihrem unglaublichen Reichtum an Metallerzen und Energiequellen, die im Erdboden der nördlichsten Gebiete des Globus lagern. Schon 1856 exportierte Grönland ein wertvolles Mineral, das für die Aluminiumproduktion unentbehrliche Kryolith. Das Vorkommen ist gleichzeitig das einzige seiner Art in der westlichen Welt und befindet sich in Ivigtût im Südwesten Grönlands. 1894 wurde auf Spitzbergen Kohle abgebaut, die vor allem der Versorgung von Schiffen diente. An zwei Orten wird noch heute Kohle von den Russen bzw. den Norwegern gefördert. Die ebenfalls auf den Inseln vorhandenen Eisenerzlagerstätten erlauben noch keine wirtschaftliche Nutzung. Auf der Insel Disko vor der Westküste Grönlands und auf der ihr gegenüberliegenden Halbinsel Nûgssuaq lagern bedeutende Kohlevorkommen. Die Kohleproduktion in einer solch nördlichen Region war lange Jahre für die Versorgung der Schiffe wichtig, die über die Baffinbai Kurs auf den Kanadisch-Arktischen Archipel genommen hatten. Sie deckt heute den Bedarf der gesamten Insel. In einem reichen Vorkommen in Mestervig an der Ostküste werden heute 20 000 Tonnen Bleierz und 30 000 Tonnen zinkhaltiges Gestein gefördert, die ausschließlich exportiert werden. Doch derzeit erweist sich die Fischindustrie als der wahre Reichtum Grönlands. Bedingt durch die steigenden Temperaturen haben sich die Fanggebiete für Kabeljau, Heilbutt, Lachs, Makrelen, Seeforellen und Garnelen immer weiter nach Norden verschoben. Im Jahr 1915 wurden etwa 20 Tonnen Konserven produziert, 1950 war die Herstellung schon auf 25 000 Tonnen angewachsen und heute rechnet man mit einer Produktion von 50 000 Tonnen. Es gibt 60 Konservenfabriken, in denen acht bis neun Monate im Jahr gearbeitet wird. Um diese Fabriken konzentriert sich ein großer Teil der Bevölkerung. In einem vor kurzem eröffneten Betrieb wird das Schaffleisch, das den Bedarf der Bevölkerung übersteigt, zu Dosenware verarbeitet.

Kanada stellt die größte Landmasse der Arktis. Sein Reichtum an natürlichen Rohstoffen ist noch nicht ganz ausgelotet, scheint jedoch in der Vielfalt an Bodenschätzen und Energiequellen mit Sibirien vergleichbar zu sein. Wie Sibirien entwickelte sich die Wirtschaft aus dem Verkauf von Pelzen, der anfangs zu 100 % in den Händen der Einheimischen lag. Gefangen wurden vor allem Polarfüchse in der Tundra und Bisamratten im Mündungsgebiet des Mackenzie. In den zwanziger Jahren beliefen sich die Einnahmen für Fuchspelze auf insgesamt 300 000 Dollar, die für Bisamratten auf 2 000 000. Andere Tiere wie Bären, Wölfe, Vielfraße und Luchse machten einen viel geringeren Teil der Gewinne aus. Der Pelzexport stellte zu jener Zeit den drittwichtigsten Wirtschaftszweig des Landes dar. Karibuhäute und Seehundfelle waren seit jeher überwiegend für den lokalen Gebrauch bestimmt. Die Fischindustrie konzentrierte sich in südlicheren Regionen wie Neufundland und war der zweitgrößte Zweig der kanadischen Wirtschaft. Der wichtigste Zweig war einst der Holzexport, vor allem in die USA und nach Japan. Die Entdeckung einer reichen, jedoch wenig ausgedehnten Goldader entlang des Klondike läutete das Zeitalter des Bergbaus ein. Weit wichtiger waren jedoch die später entdeckten Vorkommen an Metallerzen, von denen etwa ein Viertel wirtschaftlich nutzbar sind. In einer Förderstätte bei Rankin Inlet wird bereits rund um die Uhr ein Kupfer-Zink-Gemisch abgebaut. Im Norden von Baffin Island lagern Platin, Gold und Silber, auf der Halbinsel Ungava findet

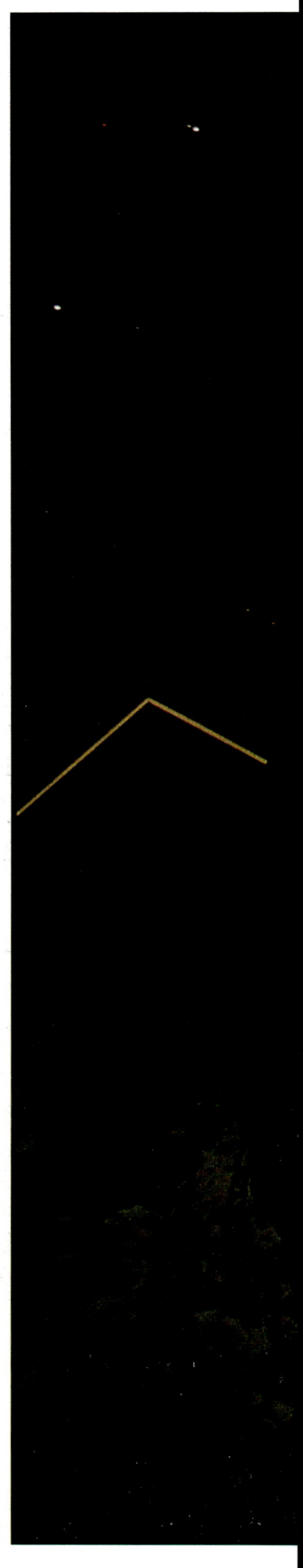

46 links *Ein Vulkan bricht inmitten des großen Gletschers Vatnajökull (Island) aus, einer Ansammlung von aktiven und erloschenen Vulkankegeln, die unter einem dicken, 8500 km² großen Eispanzer begraben liegen.*

46 rechts *Ein Küstenstreifen auf Spitzbergen ist noch im Spätfrühling vom „Land-Ice" bedeckt. Es ist das erste Eis, das sich im Frühjahr bildet und das letzte, das im Sommer schmilzt.*

man Kupfer und Nickel, und bei Coppermine sowie auf Victoria Island gibt es reine Kupfervorkommen.

Die Fundorte für Eisenerz sind unterschiedlich: Belcher Islands, Baffin Island und die Halbinsel Ungava, deren Vorkommen als das größte in Nordamerika gilt. Beträchtliche Mengen Uran schlummern in der Nähe von Uranium City, während 50 % des Goldes bei Yellowknife aus dem Boden geholt werden. Die vielleicht wichtigsten Erdöl- und Erdgasvorkommen finden sich in der Provinz Alberta und im Mackenziedelta, wo die neue Stadt Ivigtût aus dem Boden geschossen ist. Sie wird voraussichtlich das nördliche Ende der Ölpipeline über Whitehorse nach Prince Rupert bilden. Doch das zukunftsträchtigste Projekt ist eine Untersee-Ölpipeline, die an Baffin Island und Labrador vorbeiführt und die Insel Melville mit der kanadischen Provinz Quebec verbinden wird. Gegenwärtig fallen 50 % der Industrieinvestitionen auf den Erdölsektor.

Auch die Wirtschaft Alaskas war lange Zeit mit dem Pelzhandel, dem Export von Holz und der Fischerei verbunden. Noch heute werden auf den Pribilof Islands offiziell 70 000 bis 80 000 Robben für die Pelzindustrie getötet, und die Lachs verarbeitende Industrie blüht. In den letzten 20 Jahren wurden, wie im kanadischen Frobisher Bay, gewaltige Gefrieranlagen für Fisch gebaut, der entweder naturbelassen oder geräuchert verkauft wird.

Auch in Alaska fiel der Startschuss für den Abbau von Bodenschätzen, als man im Jahr 1899 bei Nome auf Gold stieß. Die Ader warf binnen kurzer Zeit einen Gewinn von 100 000 Dollar ab und ermöglicht noch heute eine kleine Ausbeute. Ebenfalls an der Küste des Beringmeers, nicht weit von Cape Prince of Wales entfernt, befindet sich eine bedeutende Zinnmine. Diese ist besonders wertvoll, da es die einzige ihrer Art im gesamten Territorium der Vereinigten Staaten ist. Kurios ist, dass es in Russland ebenfalls nur eine Zinnmine gibt, die auf demselben Breitengrad wie die amerikanische liegt.

Auf der Sewardhalbinsel lagern beachtliche Mengen Uran und Wolfram, zwei wichtige Metalle. Am Meadow River gibt es qualitativ hochwertige Kohle. Früher wurde sie von den Schiffen gebunkert, die in den Kanadisch-Arktischen Archipel fuhren. Wichtige Kupfervorkommen

46-47 *Der große Eisberg entstand an der Ostküste Grönlands. Seine kantige, noch nicht von Wasser, Wind und Wetter glatt geschliffene Gestalt zeigt, dass er erst vor kurzem gekalbt wurde. Im Sommer treiben die Eisberge, vor allem bedingt durch den Wind, schneller als die sie umgebenden Packeisschollen. Im Winter dagegen blockiert die gefrorene See jegliche Bewegung.*

47 *Der Peel fließt im westlichsten Teil der kanadischen Nordwest-Gebiete. Er entspringt in der Provinz Yukon und bahnt sich in trägen Windungen seinen Weg durch die Ebene, bis er schließlich in den Mackenzie mündet. Das Bild liefert eine Vorstellung davon, wie flach und – aufgrund des Permafrostbodens, der das Abfließen des Wassers verhindert – morastig dieses Gebiet ist.*

__48 und 49__ Roald Amundsen, der berühmte norwegische Entdecker, bewältigte mit seinem kleinen Schiff Gjöa *in den Jahren 1903–1906 als Erster die Nordwestpassage. Während dieser Expedition war er mehrmals, manchmal monatelang, im Eis eingeschlossen. Er nutzte diese widrigen Umstände, um die Gegend zu Fuß zu erkunden. Seine Reise erbrachte viele wissenschaftliche Erkenntnisse: Er ermittelte die geographische Lage des magnetischen Nordpols und fand heraus, dass sie sich von Jahr zu Jahr verändert. Nach seiner außergewöhnlichen Expedition zum Südpol, den er im Jahr 1911 erreichte, unternahm er von 1918–1925 noch eine Reihe von Entdeckungsreisen in die kanadische Arktis. Trotz seiner und der Fähigkeiten seiner Mannschaft unterlag der Walfänger* Maud *in der Cambridge Bay (Victoria Island) unweit der kanadischen Küste der Schubkraft der Eismassen. Das Wrack des Walfängers befindet sich heute immer noch an der Stelle, an der es damals verlassen wurde. Auf dem linken Bild sind ein Teil des Oberdecks und eine Ladewinde zu sehen. Auf dem Foto oben rechts ist die Bilgewasserpumpe abgebildet, die beiden anderen Fotos zeigen ebenfalls Teile des Schiffwracks.*

finden sich in derselben Region entlang des Kobuk. Doch wieder waren Erdöl und Erdgas die Rohstoffe, die das Gesicht Alaskas grundlegend veränderten. Noch bevor die Produktion in Prudhoe Bay anlief, die so groß war, dass man eigens eine 1300 km lange Pipeline bis nach Valdez im Süden des Landes legte, beutete man bereits weite Ölfelder bei Point Barrow, Gubik und Umiat aus, die auf mehrere Millionen Barrels (ein Barrel entspricht etwa 160 Litern) geschätzt werden. Mit Inbetriebnahme der Anlage in Prudhoe Bay erhöhten sich die Ölreserven auf 80 Milliarden Barrels und die Erdgasreserven auf elf Billionen Kubikmeter. Die Steinkohlevorräte schließlich liegen bei 22 Milliarden Tonnen. Das in der Arktis gewonnene Öl deckt bereits ein Viertel des Bedarfs der Vereinigten Staaten, der insgesamt 60 % des Weltverbrauchs ausmacht.

Die rasche Entwicklung Alaskas spiegelt sich auch in der führenden Stellung wieder, die das Land im Tourismusgeschäft und im lokalen Kunsthandwerk unter den Arktisstaaten einnimmt. Der neunundvierzigste Stern der amerikanischen Flagge ist der letzte echte Grenzstaat der USA. Die Natur ist weitgehend unberührt. Die Möglichkeiten für Jagd und Fischerei sind grenzenlos, das Gleiche gilt für Bergsteiger und andere Besucher, die die höchsten Berge und die ausgedehntesten Gletscher Nordamerikas direkt vor ihrer Haustür haben. Abgesehen von den Rundtouren mit Reiseleitung ist Alaska wegen seiner Größe, der Vielfalt an wild lebenden Tieren, die man bewundern kann, und der Begegnung mit Eskimo- oder Indianerstämmen, die stolz und unbeugsam an ihren alten Traditionen festhalten, immer noch ein Abenteuer. Vor kurzem ist eine neue, einmalige Gelegenheit hinzugekommen, die den Aufenthalt in diesem Land noch einzigartiger macht. Ganz ohne Formalitäten kann man innerhalb einer Stunde die Küste der Tschuktschenhalbinsel erreichen, deren Bevölkerung rasch die englische Sprache erlernt hat und Volkskunst von höherer Qualität produziert als in Alaska.

Im Frühjahr werden Hundeschlittenrennen zwischen den beiden Küsten auf dem zugefrorenen Beringmeer organisiert. Auf der Tschuktschenhalbinsel ist bereits der Dollar im Umlauf, der Schutzgott eines neuen Wohlstands. Seitdem die Einheimischen interessante Rennstrecken festgelegt und Raststationen für die

51 links Drei Schlauchboote liegen auf dem Bug bereit, um zu Wasser gelassen zu werden.

51 rechts Der Eisbrecher fährt einem anderen Schiff voraus und macht den Weg durch das Packeis frei.

52-53 Bei dieser Luftaufnahme, die vor der Westküste Kanadas entstand, erkennt man einen breiten eisfreien Kanal und viele Eisschollen, die von der kompakten Masse des Packeises abgebrochen sind. Sattelrobben genießen die warme Sonne. Sie haben sich am Rand des Kanals niedergelassen, um bei drohender Gefahr sofort ins Wasser zu können.

50 Zum Zweck wissenschaftlicher Untersuchungen hat der Bordhubschrauber eine Gruppe Forscher auf dem Packeis abgesetzt.

50-51 Der russische Eisbrecher Sowjetski Soyuz, einer der modernsten seiner Art mit Nuklearantrieb. Als das riesige Schiff 1995 zum Nordpol fuhr, befanden sich auch ausländische Passagiere an Bord. Damit es von weitem leichter zu erkennen ist, ist der obere Teil des Schiffes – wie alle Schiffe, die in der Arktis eingesetzt werden – rot gestrichen.

amerikanischen „Musher“ (Hundeschlittenführer) eingerichtet haben, kommen, vor allem in Eulen und Providenija, Tag für Tag Dutzende von Privatflugzeugen auf den Landebahnen an, die oft vollgepackt sind mit Schlitten und Hundemeuten. 20 % der Touristen, die Alaska besuchen, sind keine Amerikaner. Die überwiegende Mehrheit kommt aus Japan, gefolgt von Australien, Deutschland, Neuseeland, anderen asiatischen Staaten und Europa.

Während eine Hand voll Dollars die Nachbarn in Alaska schon glücklich macht, wären zur Erschließung des sibirischen Raums finanzielle Mittel ganz anderer Größenordnung nötig. Der sibirische Landgürtel am Nordpolarmeer ist überaus reich an Waldbeständen, Bodenschätzen und Energiequellen, die denen in der nordamerikanischen Arktis in nichts nachstehen. Doch im Augenblick fehlt das Kapital.

Auch im asiatischen Teil der Arktis sind die größten Wirtschaftszweige schon immer Jagd und Fischerei gewesen. Dazu kamen die stellenweise Ausbeutung von Bodenschätzen und die Rentierzucht. Früher war die Steinkohle, besonders in Küstennähe, wichtiger als andere Mineralien, denn sie diente als Treibstoff für die Schiffe, die die Nordostpassage befuhren. Das zaristische Russland war, auch nachdem es Alaska an die Vereinigten Staaten verkauft hatte, im Pelzhandel weltweit führend. Bis Mitte des letzten Jahrhunderts machten die Einnahmen aus dem Pelzhandel ein Drittel des nationalen Gesamteinkommens aus. Noch heute ist Russland der größte Pelzproduzent der Welt.

Auch die russische Fischindustrie kann auf eine lange Tradition zurückblicken. Riesige Fischfabriken konzentrieren sich in Murmansk und an den Deltas von Ob und Jenissej. Auf der Tschuktschenhalbinsel und auf Kamtschatka wird überdies die pazifische Riesenkrabbe gefangen, die in die ganze Welt exportiert wird.

Während an der Küste Walfang und Robbenjagd inzwischen nur noch der lokalen Bevölkerung vorbehalten sind, unterliegt die Rentierzucht im Landesinneren keinerlei Beschränkungen. Der Tierbestand ist mit knapp 4 Millionen Exemplaren ein nationales Gut. Diese Art von Viehzucht hat den Vorteil, dass Gegenden, in denen bisher keine Landwirtschaft möglich ist, trotzdem genutzt werden können. Hohe Einnahmen bringt auch der Holzhandel, der zu 90 % über den Hafen von Igarka am Jenissej

SOVETSKIY SOYUZ
СОВЕТСКИЙ СОЮЗ

54 Ein Flugzeug landet nahe des Hazensees auf Ellesmere Island, nicht weit vom Stützpunkt Alert entfernt. Es handelt sich um die experimentelle Version einer Douglas Dakota DC-3, von der es nur zwei oder drei Stück auf der Welt gibt. Sie ist ein zweimotoriges Flugzeug, bei dem die Sternmotoren durch Turbinentriebwerke ersetzt wurden. Ein dritter Motor wurde am Bug vor dem Cockpit montiert. Dies garantiert eine bessere Leistung beim Start und eine höhere Geschwindigkeit. Das Flugzeug hat spezielle Sensoren an Bord, die U-Boote unter dem Packeis orten können.

54-55 Die DEW Line (Distant Early Warning) wurde in den Jahren des Kalten Krieges errichtet. Die einzelnen Kontrollstationen überwachten ein ausgedehntes Gebiet, das sich von Grönland bis zur Beringstraße erstreckte. Das gewaltige Werk, das 600 Millionen Dollar gekostet hatte, verlor nach der politisch-ökonomischen Krise in der ehemaligen UdSSR an Bedeutung. Trotzdem werden die Stationen – mit weniger Personal besetzt – in Betrieb gehalten. Auf dem Bild ist die Station Moonrise *im grönländischen Inlandeis zu sehen.*

und zu 10 % über die Pazifikhäfen abgewickelt wird. Das meiste Holz wird nach Japan verschifft und in kleineren Mengen auch nach Korea und Australien. Doch all diese Aktivitäten zusammengenommen erreichen nicht einmal ein Zehntel des Profits aus Bergbau und Energiegewinnung. Nach ihrer Machtergreifung betrieben die Kommunisten ab den zwanziger Jahren eine nationalistische, auf Autarkie bedachte Politik. Dies bedeutete, dass die Sowjetunion ihren Bedarf an allen Gütern selbst decken und politische sowie wirtschaftliche Kontakte zu anderen Staaten möglichst vermeiden sollte. Deswegen begann man mit groß angelegten Untersuchungen, um in der endlosen Weite östlich des Ural neue Bodenschätze zu entdecken, ein Unterfangen, das selbst heute noch nicht als abgeschlossen betrachtet werden kann.

Vielversprechend scheint die Tschuktschenhalbinsel zu sein, wo Blei, Zink und Kupfer in großen Mengen vorhanden sind. Das Gold, das aus dem Flussbett des Anadyr' bei Markovo gewonnen wird, macht schon die Hälfte der gesamten russischen Produktion aus. Das wichtigste Metall aber ist, weil es davon auf russischem Boden nur ein Vorkommen gibt, das Zinn der Tschuktschenküste. Dieses Metall steht in Verbindung mit einem weiteren wertvollen Material, dem Wolfram. Ein anderes strategisch wichtiges Element, Uran, kommt in großen Mengen auf der Insel Komsomolez einer der vier Hauptinseln der Sewernaja Semlja vor. Dort wird es im Moment jedoch nicht abgebaut, da sich die Verarbeitung dieses Minerals in Lovozero auf der Halbinsel Kola als rentabler erwiesen hat. Nicht weit von Lovozero entfernt gibt es auch große Nickelvorkommen, und im Ural finden sich große Mengen an Blei, Zink und Kupfer. Diese Elemente wurden vor kurzem auch auf der Nowaja Semlja entdeckt; mit dem Abbau wurde begonnen.

Doch um Noril'sk, einer neuen Stadt, die in kurzer Zeit aus dem Boden geschossen ist, gibt es Vorkommen an Platin, Kobalt, Nickel, Kupfer und hochwertiger Steinkohle, die alle bisher genannten Vorkommen an Reichtum und Ausdehnung übertreffen. Eine weitere, nach Ende des Zweiten Weltkriegs an Russland abgetretene Nickelmine befindet sich im finnischen Petsamo. Kohle gibt es nicht nur bei Noril'sk, sondern auch in der Stadt Vorkuta an der Bahn-

55 Einige Apparate, die bei der Untersuchung atmosphärischer Phänomene in der Arktis eingesetzt werden. Die Forschungslabors wurden von den Vereinigten Staaten und Kanada in Resolute Bay auf Cornwallis Island unweit des magnetischen Nordpols eingerichtet, der sich vor der Küste des benachbarten Bathurst Island befindet.

__56__ Ein Abschnitt der Trans-Alaska-Pipeline bei Fairbanks in Zentral-Alaska. Die Pipeline verbindet Prudhoe Bay am arktischen Meer mit Valdez am Pazifik. Sie ist beinahe 1300 km lang und kreuzt zwei große Gebirgszüge sowie über 800 Wasserläufe. Ihre Rohre haben einen Durchmesser von 1,22 m. An den Stellen, an denen sie die Wanderstrecken der Karibus schneidet, verläuft sie entweder unterirdisch oder hoch über dem Erdboden.

linie zwischen Moskau und dem Obdelta sowie im gesamten arktischen Gürtel verstreut. Im Flussbett des Pečora lagern nicht nur einige der besten Kohlevorkommen, und bei Uktah gibt es auch ein beträchtliches Erdgasfeld und ein Erdölvorkommen von noch unbekannten Ausmaßen. Eine Gaspipeline transportiert Methan von Ust'-Port am Jenissej bis nach Westeuropa. Auch im Kontinentalschelf werden große Erdgas- und Erdölvorkommen vermutet, deren Erschließung wegen der geringen Wassertiefe und der außergewöhnlichen Ausdehnung des Schelfs geringere technische Probleme als der Abbau von Vorkommen im Permafrostboden des Festlands verspricht.

Als Ausgleich für die klimatischen Erschwernisse, die lange Polarnacht und die schlechten Kommunikationsbedingungen über den Land- und den Seeweg bietet die Arktis dem Menschen ein Füllhorn voll kostbarer und oft einzigartiger Reichtümer, die unerlässlich sind, um die „große Maschine" in Gang zu halten, die der Mensch in den gemäßigten Breiten errichtet hat.

Bedauerlicherweise haben die Bemühungen des Menschen, seinen Lebens- und Wirkungsraum immer weiter nach Norden zu erweitern, einer Umwelt, die über Jahrtausende hinweg isoliert und unberührt blieb, die ersten Wunden beigebracht – Wunden, die leider unheilbar zu sein scheinen. Neue Hindernisse schränken die Bewegungsfreiheit der Tiere ein, wie z. B. die Trans-Alaska-Pipeline, die an einigen Punkten überhöht und an anderen ins Erdreich eingegraben werden musste, um die Wanderungen der Karibuherden nicht zu beeinträchtigen, oder die Bohrinseln vor Point Barrow, die genau auf der Strecke liegen, die die Wale im Frühjahr auf dem Weg in die Beaufortsee zurücklegen und die mit ihrem Lärm den empfindlichen Orientierungssinn dieser Tiere stören könnten. Der Schiffsverkehr hat im Lancaster Sound, wo sich zahlreiche Belugas und Narwale zur Paarung einfinden, stark zugenommen. Weiterer Schaden entsteht, wenn sich durch einen Unfall oder ein falsches Fahrmanöver der Inhalt eines Öltankers ins Meer ergießt. Traurige Berühmtheit erlangte das Tankerunglück, bei dem 38 000 Tonnen Rohöl ausliefen und ein großes Gebiet an der Küste Alaskas verseuchten. Damals starben viele tausend Meeressäuger und unzählige Vögel.

__56-57__ Aus dieser Aufnahme werden die schwierigen meteorologischen Bedingungen ersichtlich, mit denen der Schiffsverkehr im Nordpazifik zu kämpfen hat. Der Kohlefrachter Vega Seal *ist vom US-Hafen Seattle in Richtung Japan und China in See gestochen und vor den Kurilen in einen Sturm geraten. Das an Bord spritzende Wasser ist zu Eiswänden gefroren. Gerät ein Schiff noch weiter nördlich in einen Sturm, werden nicht nur das Oberdeck, sondern auch alle Teile des Schiffes oberhalb der Wasserlinie mit einer Eisschicht überzogen. In kurzer Zeit lasten so zehntausende Tonnen zusätzlicher Ballast auf dem Schiff und beeinträchtigen seine Stabilität.*

__57 links__ Ein Erzlager in Nanisivik auf Baffin Island. Hier lagert blei- und zinkhaltiges Gestein, die Insel ist aber auch reich an Platin, Gold und Silber. Die Erze werden im Sommer und Herbst auf Schiffe verladen und anschließend in den Raffinerien der südkanadischen Provinzen weiterverarbeitet.

__57 rechts__ Seal Island, die Robbeninsel, eine der drei künstlichen Inseln aus Gesteinsschutt, die in der Beaufortsee vor der Küste Alaskas zum Zweck der Ölförderung aufgeschüttet wurden. Zwischen dem Bau der Insel und der Inbetriebnahme der Anlagen, die 1985 eingeweiht wurden, lag gerade einmal ein Jahr.

Auf dem Festland hat das Vordringen der fortschrittlichen Kulturen nach Norden das Müllproblem mit sich gebracht. Abfälle haben sich aufgrund der niedrigen Temperaturen und der fehlenden, für die Zersetzung organischen Materials notwendigen Mikroorganismen als praktisch unverwüstlich erwiesen. Die Müllhaufen sind zu künstlichen Bestandteilen einer bis vor kurzem noch gänzlich natürlichen Landschaft geworden. Sie sind auch zu Selbsbedienungsläden für die Eisbären geworden, die sich z. B. zu Dutzenden in der Kleinstadt Churchill an der Hudsonbai einfinden und vertrieben werden müssen, da ihre Nähe eine große Gefahr für die dort lebenden Menschen darstellt. Die Tiere werden betäubt und mit Hubschraubern nach Norden verfrachtet.

Doch die heimtückischste Gefahr sind nicht die wilden Tiere der Arktis, sie kommt von weit her: Chrom und Quecksilber der Industrieabwässer verseuchen das Meer, und zahlreiche Chemikalien, von denen die bekanntesten Schädlingsbekämpfungs- und Unkrautvernichtungsmittel sind, verunreinigen die Luft. Diese Substanzen werden von Winden in den oberen Schichten der Atmosphäre in die Polarregionen getragen und vom Plankton aufgenommen, das wiederum größeren Tieren wie Mollusken (Weichtiere), Krebsen und Fischen als Nahrung dient. So gelangt es in die Blutbahn der Säugetiere, wo die gemessenen Schadstoffkonzentrationen das Tausend- bis Dreitausendfache ihres Anfangswertes erreichen.

Wenn die Verwendung von Chemikalien in der Landwirtschaft und die Schadstoffemissionen der Industrie nicht strengen Kontrollen unterworfen werden, wird die Umweltverschmutzung in der Arktis tödliche Ausmaße annehmen und schwerste Konsequenzen nicht nur für die Tierwelt, sondern auch für den Menschen nach sich ziehen.

Einen Beweis für den Transport von Schadstoffen lieferte vor einigen Jahren das Reaktorunglück von Tschernobyl. Die schwersten Folgen dieses Unfalls machten sich tausende von Kilometern entfernt in Lappland bemerkbar. Allein auf schwedischem Gebiet wurden 40 000 Rentiere notgeschlachtet. Sie waren so stark radioaktiv verseucht, dass der Verzehr ihres Fleisches zu gefährlich gewesen wäre und die Gesundheit ihrer Nachkommen in Frage stand.

58 *Zwei Forscher sind auf dem Packeis in Richtung Nordpol unterwegs. Die starken Unebenheiten des Bodens, die hohen, lang gezogenen Presseisrücken, die durch die Kollision zweier unterschiedlicher Eisplatten entstehen, sowie der matschige Schnee, der das Vorwärtskommen erschwert, stellen die größten Hindernisse während der Wanderung dar. Bei der Überquerung der Barrieren kann es jederzeit passieren, dass die Schlitten umkippen und beschädigt werden.*

59 *Während einer Kreuzfahrt zu den Inseln von Spitzbergen überqueren einige Touristen zu Fuß das Packeis der Hinlopenstraße, die die Insel Spitzbergen von Nordostland trennt. Dies ist eine der Unternehmungen, die den Kreuzfahrtteilnehmern im Sommer angeboten werden.*

58-59 *Ein Ski-doo (Motorschlitten), zieht bei Pond Inlet auf Baffin Island einen Schlitten. Pond Inlet liegt an der Nordküste der Insel gegenüber von Bylot Island im Kanadisch-Arktischen Archipel. Im Mai sind riesige Eisberge im Packeis gefangen.*

60-61 *Eine beeindruckende Ansammlung von Eisbergen ragt im Scoresby Sund, Ost-Grönland, aus dem Meer. Der mit seinen 300 km längste Fjord der Erde liegt zwischen 69 und 70 Grad nördlicher Breite. Die Eisberge stammen vom großen Dauggard-Jensen-Gletscher an der Westspitze des Scoresby Sund.*

EINE WELT AUS EIS AN DEN GRENZEN DER ERDE

Zwei Faktoren beeinflussen die Beobachtung der physikalischen Prozesse, die sich in den arktischen Regionen abspielen: Der erste, positive, ist, dass es weder Bäume noch Ackerbau gibt. Deswegen kann man ihre ursprüngliche, nicht von Menschenhand veränderte Struktur ungehindert untersuchen. Der zweite Faktor ist dagegen negativ: Fast das ganze Jahr über liegt der Boden unter einer dicken Schneedecke begraben, die seine Besonderheiten, vor allem die Küsten, Seen und Flüsse in eine eintönige weiße Fläche verwandelt. Ihr derzeitiges Aussehen verdankt die Arktis unterschiedlichen Ursachen: Den Vereisungen aus älterer und jüngerer Zeit, dem Permafrostboden und der Tatsache, dass sowohl das Land als auch das Meer von Eis bedeckt sind.

Auf der Meeresoberfläche finden sich viele unterschiedliche Arten von Eis, die im vorhergehenden Kapitel näher behandelt werden. An dieser Stelle befassen wir uns lediglich mit einer Eisform, die wie eine Verlängerung des Festlandes aussieht und deshalb auch als Teil des Festlandes betrachtet werden kann. Es handelt sich um das Schelfeis, schwimmende Plattformen aus Eis, die in der Arktis von bescheidenen Ausmaßen, in der Antarktis jedoch riesig sind. Sie erstrecken sich als Ausläufer des Festlandes weit ins Meer hinein und sind an ihrer Höhe erkennbar. Manchmal überragen sie das flache Packeis um bis zu 15 oder 20 m. Ihr Ursprung hat nichts mit den Gletschern des Inlandeises zu tun, die Eisberge aus Süßwasser und moränischem Gesteinsschutt ins Meer kalben. Ein Zusammenwirken von physikalischen Parametern – Temperatur, Meeresströmung und Salzgehalt – bringt diese tafelförmigen Eisinseln hervor.

Sehr eindrucksvolle Beispiele solcher Eisgebilde, die zunächst mit dem Festland verbunden sind und von denen nach einigen Jahren Stücke abbrechen die, eingeschlossen im Packeis, abdriften können (Ice-drift), finden sich an der Nordküste von Ellesmere Island.

Im Gegensatz zu den Eisplattformen der Antarktis, die vollkommen flach sind, weist das arktische Schelfeis Wellungen parallel zum Küstenverlauf auf. Im Sommer füllen sich die Zwischenräume mit Schmelzwasser, sodass diese Wellungen im Lauf der Jahre höher werden.

Ein weiteres beeindruckendes Phänomen der Arktis sind die Schneedünen. In hohen Breiten haben die Schneeablagerungen eine Dichte von 0,3 kg/m^3, und bei trockener Witterung kann der Wind den Schnee formen und zu Dünen aufhäufen, die den Sanddünen in der Sahara ähneln.Anders als Sand hat Schnee die Eigenschaft, zu klumpen und zu verhärten, deshalb werden diese Dünen fest und halten dem Gewicht eines Menschen stand. Diese dauerhaften Erhebungen findet man vor allem an den flachen Küsten Alaskas und Kanadas sowie entlang des eurasischen Meerufers. Der Wind weht den Schnee von den Hügelkuppen in die Täler und Bodenspalten. Dort bildet sich eine meterdicke Schicht, die erhalten bleibt, bis das Tauwetter einsetzt. Wenn der Schnee im Sommer schmilzt, entstehen Sturzbäche, die im Monat Juli reißend und unpassierbar sind, während sie im Herbst vollkommen versiegen.

Die glaziale Überformung in der Vergangenheit hat bis heute ihre Spuren in Form von Erosionserscheinungen und Ablagerungen hinterlassen. Die gewaltigen Eismassen von mehreren hundert bis mehreren tausend Metern Dicke haben beträchtliche, bis heute sichtbare Spuren an der Erdoberfläche hinterlassen. Dies trifft jedoch nur dort zu, wo der Neigungswinkel des Bodens zu einer Fließbewegung der Eismassen führte. An dieser Stelle formte das Eis den darunter liegenden Fels und führte den abgetragenen Gesteinsschutt mit sich zu Tal.

Bis heute sind davon große Moränen, deren Form an Amphitheater erinnert, übrig geblieben. Durch eine Analyse des mittransportierten

62 *Winterlandschaft auf Ellesmere Island am Nordrand des Kanadisch-Arktischen Archipels. Der Wind hat den Schnee zu phantastischen Figuren geformt und das ursprüngliche Aussehen der Landschaft verändert. Die Kälte trägt dazu bei, dass die Skulpturen aus Schnee bis zum nächsten Sturm halten.*

63 *Auf Ellesmere Island haben Märzsonne und heftiger Wind, begünstigt durch die spärlichen Schneefälle, bereits einen Teil des Erdbodens freigelegt.*

64 *Die Küste von Victoria Island im Coronation Golf, der in den kanadischen Nordwestgebieten liegt. Im Sommer reicht die Vegetationsdecke der Tundra bis zum Meer.*

64-65 *Nach dem Meer ausgerichtete Front eines Gletschers in Alaska. Es sind zahlreiche Gletscherspalten zu erkennen, die durch die Unebenheiten des felsigen Gletscherbetts, auf dem sich die Eismassen landabwärts wälzen, entstehen. Aber auch starke Regenfälle greifen das Eis an.*

65 Die Küste von Baffin Island im Kanadisch-Arktischen Archipel weist einige interessante Details auf: Während die Flüsse und Süßwasserseen noch zugefroren sind, ist das Meer bereits eisfrei. Man kann jedoch einen Streifen Meereis an der Küste erkennen. Dieses ist das erste, das sich im Herbst bildet und das letzte, das im Sommer schmilzt.

Gesteinsmaterials kann man den Verlauf des Gletschers bis zu seinem Ursprung zurückverfolgen und Rückschlüsse auf die Größe und Dauer der Vereisung ziehen.
Natürlich lassen sich in der Arktis wie bereits erwähnt aufgrund der kargen Vegetation Erscheinungen von Erosion und Ablagerung leichter untersuchen. Doch wo der Boden, auf dem die Eismassen auflagen, flach oder nahezu flach war, wie es in großen Teilen der Arktis der Fall war, beschränken sich die heute sichtbaren Spuren auf zwei Erscheinungen: Die erste ist, dass sich der Boden, der sich durch den auf ihm lastenden Druck elastisch gewölbt hatte, wieder hebt. Die zweite sind die Oser, subglaziale Schmelzwasserrinnen, die unter der Eisdecke verliefen und auf die wir noch näher eingehen werden. Die Gesteinsstücke, die als Moränen zu Tal gelangten, aber auch die, aus denen die Oser bestehen, sind im Allgemeinen recht groß. Durch den Erosionsprozess entstanden aber auch große Mengen pulverförmigen Lehms, der sedimentierte und sich unter dem Druck der Eismassen verformte, wodurch die so genannten „Drumlins" entstanden, die wie große, halb aus dem Erdboden ragende Rohrleitungen aussehen und parallel zur Fließrichtung des Gletschers verlaufen.
Doch kehren wir zu den bergigen Regionen zurück, in denen das Eis die ursprüngliche Landschaft mit größerer Kraft geformt hat. Auf den Kuppen erheben sich Grate und Spitzen wie in den Alpen. Darunter beginnen Felswände, die das Eis im Lauf der Zeit glatt geschliffen hat. Ganz unten dehnt sich das eigentliche, von Sedimenten bedeckte Tal aus. Die Felswände und die Talregion bilden zusammen eine charakteristische U-Form, die allen Trogtälern eigen ist. An den Stellen, an denen sich diese Täler bis zum Meer erstreckten, sind Fjorde entstanden: Es handelt sich hierbei um tiefe Trogtäler, die sich als Folge der Erhöhung des Meeresspiegels mit Seewasser füllten und an ihrer Mündung aufgrund der vorzeitlichen Moränen flacher wurden. In vielen arktischen Regionen gibt es Fjorde von imposanter Größe, wie z. B. auf Nowaja Semlja, auf Spitzbergen, in Grönland, im Osten des Kanadisch-Arktischen Archipels und auf der Halbinsel Labrador. Der Scoresby Sund in Grönland und der Admiralty Inlet auf Baffin Island sind die beiden längsten Fjorde der Welt.

Nachdem wir die Reliefveränderungen, die hauptsächlich auf die Einwirkung der Eismassen zurückzuführen sind, eingehend erklärt haben, befassen wir uns nun mit dem flachen Landgürtel der Arktis, dessen Grenze im Norden das Nordpolarmeer und im Süden die Waldgrenze ist: Diese Region heißt nach einem alten Begriff finnisch-ugrischen Ursprungs „Tundra" und liegt am nördlichen Rand der Kontinente auf der Nordhalbkugel. Die Tundra bedeckt eine Fläche von etwa 13 Mio. km^2 – dies entspricht beinahe einem Zehntel der Fläche, die alle Landmassen der Erde zusammen einnehmen.
Bei dem rauen Klima, das in der Tundra fast das ganze Jahr über herrscht, ist der Boden

zum großen Teil kahl. Die Winde aus dem Norden werden durch keine nennenswerten Hindernisse abgeschwächt. Trotz dieser ungünstigen Bedingungen erblühen, wenn während des kurzen Sommers die Schneedecke schmilzt, Blumen in vielen verschiedenen Farben. Die Tundra erwacht zu neuem Leben und lockt viele Tiere aus anderen Gebieten an. Doch auch im Winter finden einige Arten hier Zuflucht. In dieser ungemütlichen Jahreszeit mit den langen Polarnächten und kurzen Tagen erhält die Tundra sehr wenig Wärme. Erst wenn mit der Rückkehr des Sommers die Tage wieder länger werden und das Klima milder wird, kann die Sonne die Schneedecke zum Schmelzen bringen und die Oberfläche des Bodens auftauen.
In größerer Tiefe, ab etwa einem Meter und darunter, bleibt das Erdreich immer gefroren.

66-67 *Bizarre Eisformationen haben sich im Südosten Alaskas an der Verbindungsstelle der schmalen Meeresarme Endicott und Tracy gebildet. Das Gebiet ist Teil eines Naturreservats südlich von Juneau, der Hauptstadt Alaskas. Man beachte das Aussehen des Alteises, das aufgrund der fehlenden Luftbläschen in seinem Inneren beinahe transparent ist. Die Eisberge wurden vor allem von den Regenfällen geformt, die in dieser Region Alaskas am heftigsten niedergehen.*

68-69 *Der Lancaster Sound im Kanadisch-Arktischen Archipel. Das Jahr ist bereits fortgeschritten, und vom Packeis, das im Winter die gesamte Meerenge bedeckt, ist nur noch ein kleiner Teil übrig.*

__70__ Durch den Schmelzvorgang hat diese Packeisscholle eine seltsame Sichelform angenommen. Wir befinden uns am Prins Christian Sund an der Südostküste von Grönland, knapp oberhalb von Kap Farvel.

__71__ Dieser Eisberg vor der Südküste Grönlands hat die Form eines Segelschiffs. Die Brandungslinien an seinen Wänden zeigen, dass sich seine Lage im Wasser mehrmals verändert hat.

72-73 *Eine Eiszunge des Ilulissat Gletschers auf Grönland. Untersuchungen haben ergeben, dass er der produktivste Gletscher der Welt ist. Mit einer Fließgeschwindigkeit von täglich 30 m wälzen sich 25 000 Tonnen Eis pro Tag ins Meer.*

74-75 *Das Bild entstand in der Nähe des Kongsfjords im Nordwesten der Insel Spitzbergen. Später Schnee bedeckt die Blütenpracht des Leimkrauts, einer Polsterpflanze, die trockene, steinige Böden liebt.*

76 links *Purpurner Steinbrech erblüht im Frühlingsschnee der kanadischen Arktis.*

76 rechts Saxifraga cespitosa, *ebenfalls ein Steinbrechgewächs, blüht in der kanadischen Tundra bei Port Leopold (Nordwestgebiete).*

Dieses spezifische Phänomen der Tundra nennt man „Permafrostboden". Er kann je nach Bodenbeschaffenheit mehrere hundert Meter in die Tiefe reichen.
Der Permafrostboden kann durchgehend gefroren sein oder in mehr oder minder großen Flecken auftreten. Er kann sich bis weit nach Süden in die Taiga, die bewaldete Zone hinein erstrecken und erschwert jegliche Bautätigkeit außerordentlich, sodass besondere, oft kostspielige Vorkehrungen erforderlich sind, um zu vermeiden, dass sich Gebäude und andere Konstruktionen zur Seite neigen, ins Erdreich einsinken oder gar einstürzen.
Es ist zwar allgemein bekannt, dass es im hohen Norden kalt ist, doch nicht jeder weiß, welche Trockenheit dort herrscht. Pro Jahr gehen wenig mehr als 200 mm Niederschlag in Form von Regen oder Schnee auf die Tundra nieder, das entspricht in etwa der Regenmenge, die eine Wüste im selben Zeitraum erhält. Deswegen wird die Tundra auch oft Kältesteppe genannt. Doch im Unterschied zu anderen Trockengebieten kann das Wasser in der Tundra nicht abfließen, da die Verdampfung aufgrund der niedrigen Temperaturen sehr gering und der Boden zugefroren ist. Große Probleme bei der Trockenlegung des Bodens sind die Folge.
In der Tundra treten noch andere charakteristische Phänomene auf, die es nirgendwo sonst auf der Welt gibt. Eines davon sind die bereits erwähnten Oser, also die Spuren der vorzeitlichen Wasserläufe unter der Eisdecke, die früher einen großen Teil der heutigen Tundra bedeckte. Als das Eis sich zurückzog, trockneten diese Wasserrinnen aus und hinterließen in der morastigen, mit Moosen und Flechten bewachsenen Landschaft steinige Wälle, ähnlich jenen, die beim Bau von Straßen und Bahnlinien künstlich aufgeschüttet werden. Oser können mehrere Tausend Meter lang sein und dienen oft als Orientierungspunkt in einer öden, flachen Gegend, in der es ansonsten keine Orientierungspunkte gibt.
Etwas einzigartiges sind auch die Pingos, einzeln stehende Hügel in Form eines Kegels mit abgeflachter Spitze, deren Kern ein unter einer dünnen Erdkruste verborgener Eisblock ist. Sie entstanden, als Wasser in vorzeitliche Bodenspalten eindrang und bis zum Permafrostboden hinabsickerte. Es gefror daraufhin zu Eis, ver-

76-77 *In ihrer Eishülle sind die Blätter dieser Pflanze vor allzu großer Kälte geschützt.*

77 *oben* *Vom Herbstfrost umrandete Blätter einer Zwergbirke in den Ogilvie Mountains, Yukon.*

77 *unten* *Moos bedeckt die Geröllhalden auf Franz-Joseph-Land, einem Archipel im Nordpolarmeer.*

78 links Hinter Ketchikan und Sitka, zwei bedeutenden Ortschaften im Südosten Alaskas, dehnt sich der Tongass-Staatsforst aus. Er ist mit 64 750 km² Oberfläche der größte in den Vereinigten Staaten. Trotz der jahrhundertelangen Ausbeutung des Waldgebietes, das ein Drittel des Nutzholz- und ein Drittel des Zellulosebedarfs der südlicheren Staaten deckt, erfreut es sich überall bester Gesundheit. Seine Oberfläche bleibt dank des günstigen Klimas, der schnellwachsenden Nadelbäume und der ständig wechselnden Abholzungsgebiete immer gleich groß. Derzeit wird der Tongass-Staatsforst auch für den Tourismus immer interessanter.

78 rechts Die Halbinsel Kenai ist nach der gleichnamigen Ortschaft in der Nähe von Anchorage, der größten Stadt Alaskas, benannt. Die Halbinsel besitzt drei Nationalparks: den Chugach National Park, den Kenai Fjord National Park und den Chemak Bay State Park. Außerdem gibt es die Kenai North-Western Reserve. Die Vegetation ist besonders üppig und abwechslungsreich. Sie passt sich den unterschiedlichen klimatischen Bedingungen an den Küsten, den Steilhängen entlang der Fjorde und in der Nähe der Gletscher an.

Ein besonderes Naturschauspiel bietet sich dem Besucher im Herbst, wenn das dunkle Grün der Nadelbäume mit dem flammenden Rot der Preiselbeeren kontrastiert.

größerte sein Volumen und wölbte das Erdreich nach oben. In der flachen Tundra hat der Boden eine polygonale Struktur – durch das abwechselnde Frieren und Auftauen entstehen Risse im Boden. Das Wasser dringt in diese Risse ein und erweitert sie, wenn es gefriert, sodass bei Tauwetter noch mehr Wasser eindringen kann. Der Druck des Eises schiebt die Spaltenränder nach oben und bildet auf diese Weise relativ regelmäßige polygonale Erdschollen. Die Polygone können in ihrer Größe zwischen einigen Zentimetern und einigen Metern variieren und mehrere Quadratkilometer Oberfläche bedecken.

Eine Erwähnung verdienen schließlich auch die so genannte „Solifluktionen", die Bodenfließen. Diese Erscheinung ereignet sich, wenn der Boden leicht geneigt ist. Während der warmen Sommermonate neigt die mit Wasser vollgesogene Erdschicht über dem Permafrostboden dazu, hangabwärts zu rutschen. Obwohl sich diese Bodenbewegung sehr langsam vollzieht, reicht sie aus, um die Wurzeln der kleinen Pflanzen zu beschädigen. Mit jedem Sommer der vergeht, schrumpft die Dicke der auftauenden Bodenoberfläche, und wenn sie ganz verschwunden ist und der Permafrost offen zu Tage tritt, verschwindet auch jegliche Art von Vegetation. Bis wieder eine Bodenkrume entsteht, die genauso dick ist wie die vorherige, vergehen 50 bis 100 Jahre. Genauso lange braucht die Tundra, um sich von den Schäden zu erholen, die ein Lastwagen oder ein Traktor auf seinem Weg hinterlässt. All dies liefert eine Vorstellung davon, wie empfindlich und leicht zerstörbar das Gleichgewicht der Natur im hohen Norden ist, und welche Vorsicht der Mensch walten lassen muss, um die Umwelt der Arktis nicht zu zerstören.

Trotz des rauen Klimas wachsen in diesem Gebiet etwa 2500 verschiedene Moose und Flechten und 900 blühende Pflanzen. Spezielle Schutzmechanismen gegen die Kälte und bestimmte Arten der Fortpflanzung garantieren ihren Fortbestand auch unter widrigen klimatischen Bedingungen. All diese Gewächse gedeihen nah am Boden, wo die Luft wärmer ist und sie ein wenig Schutz vor den stürmischen Winden der Arktis finden. Die Zwergweide beispielsweise kann mit ihren Zweigen bis zu 3 m breit werden, erreicht jedoch selten eine Höhe von mehr als 10 cm.

78-79 Die kanadische Provinz Yukon grenzt an Alaska. Beide Gebiete sind durch ein gemeinsames Straßennetz nach Norden miteinander verbunden. Fast an der Grenze zu Alaska liegt die Stadt Dawson. Hier mündet der Klondike, der zur Zeit des Goldrausches Berühmtheit erlangte, in den noch bedeutenderen Yukon. Von Dawson führt eine kurze Autopiste zu den Ogilvie Mountains: der Dempster Highway. Er ist von Mai bis Oktober befahrbar und durchquert ein Tundragebiet, dessen spektakulärer Farbenreichtum sich vor den Augen des Reisenden ausbreitet.

79 Denali nennen die Eingeborenen den Mount McKinley, der mit seinen 6195 m der höchste Berg Nordamerikas ist. Das Massiv erhebt sich im mittleren Süden Alaskas und liegt von Anchorage genauso weit entfernt wie von Fairbanks. Der Mount McKinley war sowohl für die Inuit als auch für die Indianer schon immer ein heiliger Berg. Um ihn herum entstand ein Nationalpark, der 37 Säugetierarten, darunter auch dem Grislibären, sowie 132 Vogelarten Zuflucht bietet. Auf dem Bild ist der Park in seinem prächtigen Herbstkleid zu sehen.

80 *Eine Flechte, die sich auf einem Felsen der sibirischen Tundra entwickelt hat.*

80-81 *Diese Felsen in der Nähe von Churchill, Manitoba, sind vollkommen mit* Lichen rubrum, *einer Flechte, überzogen.*

81 links Lichen rubrum *gedeiht auf dem quarzhaltigen Gestein von Somerset Island im Kanadisch-Arktischen Archipel.*

81 rechts *Verschiedene, in Alaska wachsende Flechten. Am linken Bildrand ist die Rentierflechte zu sehen.*

82 oben *Die roten Blätter der Preiselbeere heben sich vom Grün der Farne ab, die sich Anfang Herbst schon teilweise gelb verfärbt haben.*

82 unten *Preisel- und Heidelbeere haben auf einem kleinen Moospolster Wurzeln geschlagen.*

82-83 *In der Tundra gibt es nichts, was mit der Schönheit der Preiselbeere, deren Blätter sich im Herbst leuchtend rot färben, vergleichbar wäre.*

83 oben *In diesen Breiten sind Preisel- und Heidelbeeren eine wichtige Vitamin-C-Quelle für Mensch und Tier.*

84-85 *In der Umgebung von Churchill an der Westküste der Hudsonbai, Nord-Manitoba, ist der Tundraboden mit einem dichten Teppich von Preiselbeeren bedeckt, der ihm eine kräftige rote Farbe verleiht.*

88-89 Die Königsbucht auf Spitzbergen, der Hauptinsel der norwegischen Inselgruppe. Man beachte die Gletscherfront, deren Eismassen geradewegs ins Meer fließen, und die zahlreichen Seevögel, die im Sommer die ganze Insel in Scharen bevölkern.

86 oben *Der Lillehookfjord im Norden der Insel Spitzbergen liegt 1000 km vom Nordpol entfernt. Während der Sommerzeit breiten sich Moose und Flechten auf dem Erdboden aus. Im Vordergrund ist deutlich die Rentierflechte* (Cladonia rangiferina) *zu erkennen.*

86 unten *Auf Spitzbergen gibt es viele Berge, deren ursprüngliche Gestalt nur geringfügig durch Erosionserscheinungen abgewandelt wurde. Auf diesem Bild ist deutlich die abgeflachte Form zu erkennen, die vermutlich allen Bergen der Erde zur Zeit ihrer Entstehung eigen war.*

87 *Die Königsbucht auf Spitzbergen ist einer der malerischsten Flecken der Insel. An ihrer Küste erhebt sich die Kleinstadt Ny Alesund, in der das gut erhaltene Metallgerüst steht, an dem während der Polarexpeditionen von 1926 und 1928 die Luftschiffe „Norge" und „Italia" festmachten.*

Viele Blumen, wie beispielsweise das Leimkraut, bilden dichte Polster, die von allen Seiten der Sonne ausgesetzt sind und Wärme in ihrem Inneren speichern. Der Mohn und das Läusekraut verfügen im Gegensatz dazu über einen schützenden „Pelz", einen haarigen Flaum, der Stängel und Blätter bedeckt. Der Steinbrech, ein anderes, relativ weit verbreitetes Gewächs, bildet lange Ausläufer, die die Pflanze im Boden verankern und gleichzeitig neue Pflanzen hervorbringen.

Eine einjährige Pflanze, die innerhalb eines Sommers heranwachsen, blühen und ihre Samen verbreiten muss, hat nur geringe Überlebenschancen. Ein frühzeitiger Frosteinbruch könnte der gesamten Art zum Verhängnis werden. Daher sind 99 % der Tundrenflora perennierende Pflanzen mit einem Lebenszyklus von mehreren Jahren. Die Entwicklung der Knospen zieht sich manchmal über zwei Jahre hin. Sie gefrieren im Winter und wachsen im Sommer weiter, bis es zur Blüte kommt. Wenn im Sommer der Frost die Reifung der Samen verhindert, versucht es die Pflanze im Jahr darauf noch einmal. Langsames Wachstum zeichnet also alle Pflanzenarten der Arktis aus.

Die Vegetation der Tundra lässt sich in fünf Hauptgruppen unterteilen:

1. Flechten: Dabei handelt es sich um die Symbiose einer Alge, die Licht in Nährstoffe umwandelt, und eines Pilzes, der die Zufuhr von Wasser und Mineralstoffen sichert.
2. Moose oder in Polstern wachsende kleine Pflanzen, die Feuchtigkeit direkt über die Blätter aufnehmen, anstatt über die bei ihnen nur rudimentär ausgebildeten Wurzeln.
3. Kräuter und Gräser, wie z. B. die allseits bekannte Segge, die von allen nordischen Völkern und von den ersten Entdeckern benutzt wurde, um das Schuhwerk trocken und warm zu halten.
4. Polsterpflanzen, wie beispielsweise der Steinbrech, der in diesen nördlichen Regionen ähnliche Unterarten wie in den Alpen hervorbringt.
5. Zwergsträucher, wie z. B. die Zwergweide, und seltener auch Erlen, Birken und Wacholder im Kleinformat. Weit verbreitet ist auch der Rhododendron.

Für das besonders langsame Pflanzenwachstum lassen sich zwei Extrembeispiele anführen: Die Flechte, die auf Felsen nur 1 mm pro Jahr

wächst – andere, in Büscheln wachsende Arten, wie die Rentierflechte, können sich um einige Millimeter pro Jahr vergrößern –, und die Polarweide, die äußerst langlebig ist. In einem Stamm von 2 cm Durchmesser lassen sich – natürlich nur unter dem Mikroskop – bis zu 400 Jahresringe zählen.
Schließlich kann man die Pflanzenarten auch nach ihrem Standort unterscheiden:
1. Felsiges Gebiet oder Moränenlandschaft: Eine zusammenhängende Vegetationsdecke fehlt, dafür wachsen an manchen Stellen Flechten in den unterschiedlichsten Farben, einige Polsterpflanzen wie das Leimkraut und verschiedene Steinbrecharten. Der gelbe Mohn ist ebenfalls vorhanden, siedelt sich aber vorzugsweise in jüngeren Moränenlandschaften an, wo der Boden saurer ist.
2. Trockene Tundra: An den Stellen, an denen Wärme gespeichert werden kann, gedeihen Zwergsträucher, Heide und verschiedene Beerengewächse. Darüber hinaus treten Moose, Strauchflechten und Flechtenteppiche stärker in Erscheinung.
3. Feuchte Tundra: An Seeufern und am Rand von Mooren blühen zahlreiche Wollgräser, wie sie ähnlich auch im alpinen Raum am Ufer von Gebirgsseen vorkommen. In diesem Gebiet sind auch Moose vertreten, die so dicke Polster bilden, dass man bis zu den Knien darin versinkt. Wo Tussockgräser gedeihen, die bis zu 1,5 m hoch werden, kommt man noch schwerer voran. In feuchteren und windgeschützten Gebieten sind Weidenröschen und Schachtelhalme ebenfalls stark vertreten.
4. Küste: Hier findet man nur wenige Arten vor, die sich an die Nähe des Salzwassers angepasst haben, wie z. B. das Sandkraut und das Löffelkraut.
Wenn man einen genaueren Blick auf die einzelnen Landschaften der Arktis wirft, stellt man fest, dass jede von ihnen ihre eigenen typischen, oft einzigartigen, Merkmale aufweist. Es ist, als würde man von den Begriffen der theoretischen Morphologie zur Praxis übergehen und bemerken, dass die einzelnen Gebiete, obwohl sie zur gleichen Klimazone gehören oder auf demselben Breitengrad liegen, sich landschaftlich derart unterscheiden, dass es unmöglich ist, sie zusammenfassend zu beschreiben. Wenn wir uns auf die bereits in der Einleitung erwähnten Definitionen berufen, dann lassen

90 links *Die Lofoten bestehen größtenteils aus fast vertikal geschnittenen Granitbergen, die von den Gletschern des Quartärs geformt wurden. Geologen bestätigen, dass sie zu den ältesten Felsformationen unseres Planeten zählen.*

90 rechts *Ein grandioser Anblick: In einem Fjord bei Lingvaer spiegeln sich die Berge der Insel im ruhigen Meer des Archipels.*

90-91 *Herrlich ist die Landschaft um den Ort Smorten auf den Lofoten. Im Winter bewahrt die relativ stabile Hochdruckzone über Nordskandinavien die Gebiete im Norden vor allzu schweren Unwettern.*
Auf den Lofoten ist das Klima aufgrund des Golfstromeinflusses weniger rau als man erwarten könnte. Das Thermometer sinkt zwar unter Null, aber die Temperatur ist dennoch um 15 bis 20 Grad höher als an anderen Orten auf demselben Breitengrad.

92 Der Kvænangenfjord im Winter. Er liegt im höchsten Norden von Norwegen, aber durch den Einfluss des warmen Nordatlantikstroms können auch in diesen Breiten Bäume wachsen.

92-93 Im Finnmarkgebiet dominiert die arktische Tundra, die nur an geschützten Stellen lichten Zwergweiden- und Zwergbirkengehölzen weicht. Der Tundragürtel Nordeuropas beginnt einige hundert Meter bis mehrere Kilometer von der Meeresküste entfernt.

93 links Die Naturlandschaften der Finnmarkregion im Herzen Norwegens, in der vor allem Samen leben, sind beeindruckend. Die Häuser stehen im Allgemeinen in der Nähe von Bäumen, die sie vor den Winden des Nordens schützen.

93 rechts Finnland ist – nach dem europäischen Teil Russlands – das Land mit den meisten Seen. Sobald das Eis in der nördlichsten Region, die auf finnisch „Lappi" heißt, zu schmelzen beginnt, kommt darunter ein komplexes Netz von Seen und Teichen zum Vorschein, mit schmalen Streifen Land zwischen den Wasserflächen. Es ist nicht ratsam, diese Gegenden ohne einen einheimischen Führer zu durchqueren.

sich, von Europa ausgehend gegen den Uhrzeigersinn folgende Regionen als arktisch bezeichnen: Der äußerste Norden Skandinaviens mit der Bäreninsel, der Insel Jan Mayen und Spitzbergen sowie der nördlichste Landgürtel im europäischen Teil von Russland mit dem Franz-Joseph-Land, den Inseln Kolguiev, Nowaja Semlja und Waigatsch. Außerdem gehört der nördlichste Rand des asiatischen Teils von Russland mit den Inseln Sewernaja Semlja, den Neusibirischen Inseln, Wrangel Island und der Tschuktschenhalbinsel dazu sowie die Beringstraße, die Nord- und Nordwestküste Alaskas, mit den Pribilof Islands, Nunivak, Saint-Matthew, Saint Lawrence Island und Diomida. Es folgen die Nordküste Kanadas mit dem Kanadisch-Arktischen Archipel, die Hudsonbai ohne ihren südlichsten Punkt, ganz Grönland und Nordisland.

In Nordeuropa fließt der Golfstrom an der skandinavischen Küste vorbei und sorgt für ein relativ mildes Klima, das sich sogar noch in Grönland und auf Spitzbergen bemerkbar macht. Sein Einfluss ist so stark, dass das Klima Norwegens bis zum 71. Breitengrad als subarktisch bezeichnet werden kann, während im Ostteil Kanadas, der im Einflussbereich des kalten Labradorstroms liegt, die subarktische Klimazone nur bis zum 55. Breitengrad reicht. In Europa herrscht nur an den Nordküsten Norwegens und Russlands ein arktisches Klima. Skandinavien hat lediglich einen schmalen Tundragürtel: Der Waldgürtel schiebt sich weit nach Norden bis über den Bottnischen Meerbusen hinaus. Die Halbinsel Kola ist flach und sumpfig, was im Übrigen auch für die restlichen Küstenregionen im europäischen Teil Russlands gilt, wo der Tundragürtel an Breite zunimmt und diese bis zum Ural beibehält. Der Einfluss des Golfstrom ist bis zur Insel Kolgujev und der Westküste von Nowaja Semlja zu spüren.

Das Meer, das die Halbinsel Kola mit dem äußerst wichtigen, ganzjährig benutzbaren Hafen Murmansk eisfrei hält, friert nur teilweise nach Osten hin zu. Auch im Landesinneren ist das Klima relativ mild, sodass Birken und Weiden sich auch noch sehr weit im Norden ansiedeln können. Der Boden ist mit einem dicken Teppich aus Moosen und Rentierflechte überzogen; sogar Gräser gedeihen hier üppig und die Futterpflanzen ermöglichen die Haltung

94 *Die Hallinsel im Süden von Franz-Joseph-Land ist Teil der russischen Arktis. Bis in jüngster Zeit war sie für den Westen verbotenes Gebiet. Die Inseln sind durch ein Labyrinth von engen Kanälen voneinander getrennt, die oft selbst im Sommer unpassierbar sind.*

94-95 *Auf der Tafelhochebene der Kuhninsel hat sich ein Gletscher auf seinem Weg zum Meer ein breites Tal gegraben.*

95 oben *Kap Tagetthoff, das den Namen des Schiffes trägt, mit dem die Österreicher Julius Payer und Carl Weyprecht, die Entdecker von Franz-Joseph-Land, Schiffbruch erlitten, ist ein erhabenes Monument aus Basaltfelsen, die an der Küste hoch in den Himmel ragen und die Silhouette der Hallinsel schon von weitem prägen.*

95 unten *Auf fast allen Inseln des Archipels ziehen sich die Gletscher bis zum Nordpolarmeer hinunter.*

96 Blick auf Kap Tagetthoff. Dieses bildet mit Kap Flora (Northbrookinsel) einen Dreh- und Angelpunkt in der Geschichte der Arktisexpeditionen. Berühmte Persönlichkeiten wie Nansen, Jackson, Ziegler und Fiala gingen hier an Land. Bei Kap Flora erinnern noch heute drei Steinplatten an die Männer, die bei einer vom Herzog der Abruzzen geleiteten Expedition ums Leben kamen: Querini, Ollier und Støkken.

96-97 Auf diesem Bild sieht man, wie unwirtlich die Arktis auf Franz-Joseph-Land selbst in den Sommermonaten ist. Noch bevor die südlichsten Inseln in Sicht kommen, versperrt eine kompakte Packeisbarriere den Weg nach Norden.

***97 oben** Die Champinsel ist fast vollständig von einer Eisschicht bedeckt. Sie ist per Schiff nicht leicht zu erreichen und hat für die Geschichte der Arktisexpeditionen nur eine untergeordnete Bedeutung.*

***97 unten** Kap Germania auf der Rudolfinsel, der nördlichsten Insel des gesamten Archipels. Die Teplizbucht war der Ausgangspunkt für die vom Herzog der Abruzzen organisierte Expedition ins Packeisgebiet. Es brachen drei Schlitten unter der Leitung des Italieners Cagni auf, der so weit nach Norden vorstieß, wie noch nie ein Mensch vor ihm: Er erreichte 86°34'49" nördlicher Breite. Somit brach er den von Nansen aufgestellten Rekord von 86°13'.*

von Nutztieren wie z. B. Schafen, Rindern und Rentieren.

Zum europäischen Teil gehört auch die Băreninsel, die zwischen Norwegen und Spitzbergen liegt: Sie ist 178 km² groß und hat eine ähnliche geologische Struktur wie Spitzbergen. Auf der Bäreninsel gibt es ein Kohleflöz, das seit den zwanziger Jahren abgebaut wurde, heute jedoch stillgelegt ist. Das Klima dort ist furchtbar: Die höchste gemessene Temperatur liegt bei 16 °C und nur an sieben Tagen im Jahr scheint die Sonne.

Noch ungünstigere Bedingungen herrschen auf der Insel Jan Mayen, die 500 km von Grönland, 600 km von Island und fast 1000 km von Spitzbergen entfernt liegt und damit die abgelegenste Insel der Arktis ist. Auf Jan Mayen wurden niemals mehr als 15 °C gemessen und der Himmel ist an acht von zehn Tagen bewölkt. Die 380 km² große Insel besteht fast vollständig aus dem erloschenen Vulkan Beerenberg, der 2277 m hoch und von einem großen Gletscher bedeckt ist.

Die Inselgruppe Spitzbergen besteht aus den Hauptinseln, Spitzbergen (39 368 km²), Nordostland (14 530 km²), Edge-Insel (5030 km²), Barentsinsel (1330 km²) und Prinz-Karl-Vorland (640 km²). Spitzbergen bildet den Hauptteil des Verwaltungsgebietes Svalbard, zu dem auch die Inseln Hopen (46 km²), Kvitøya (250 km²), die Inselgruppe König-Karl-Land (330 km²) sowie die Bäreninsel (178 km²) gehören.

Auf den Inseln von Spitzbergen, die während des Pleistozäns vollkommen vereist waren, sind bis heute zahlreiche Gletscher des alpinen Typs erhalten. Tiefe Fjorde und kleine Trogtäler zerfurchen die größeren Inseln des Archipels. Auf dem zum großen Teil kahlen Land wachsen Moose und Flechten, die ausreichend Futter für einige Rentiere und Moschusochsen liefern, die letzten Überlebenden weit größerer Herden, die von den einst zahlreichen Pelztierjägern dezimiert wurden. Immer noch stark vertreten sind dagegen Füchse, Polarhasen und Lemminge, die Lieblingsbeute der zu Hunderttausenden an den Küsten nistenden Zugvögel. Auf der Insel Spitzbergen gibt es Kohlevorkommen, die gegenwärtig von Russland und Norwegen abgebaut werden. Die Inselgruppe König-Karl-Land, die ein wenig abseits liegt, wurde vor kurzem zum Naturreservat für Eisbären erklärt.

Franz-Joseph-Land setzt sich aus einem Dutzend fast gänzlich vergletscherter Inseln und vielen kleinen Eilanden zusammen (insgesamt 191 Inseln). Die Inseln bestehen nahezu ausschließlich aus Basalt, und die Art wie sie angeordnet sind, lässt darauf schließen, dass sie einst zu einer basaltigen Hochebene gehörten, die während des Pleistozäns in mehrere Teile zerbrach, sodass die Inseln heute durch tiefe Wasserrinnen voneinander getrennt sind.

Der Archipel ist ganzjährig vom Packeis eingeschlossen, und auch der Schiffsverkehr zwischen den Inseln ist immer eine schwierige Angelegenheit. Auf den Inseln leben Eisbären, Polarfüchse und zahlreiche Zugvogelarten. Das umliegende Meer ist dicht bevölkert mit Seehunden und Walrossen.

Auf dem Archipel, der zu Russland gehört, sind Wetterwarten und militärische Stützpunkte eingerichtet, die mit Eisbrechern erreichbar sind. Der nördlichste Stützpunkt befindet sich auf der Rudolfinsel, von der aus der Italiener Cagni die vom Herzog der Abruzzen geleitete Nordpolexpedition von 1899/1900 startete. Weitere

98 Der erste Schnee ist auf die steilen Felsen der Geraldinsel in der russischen Arktis gefallen. Dieses winzige Eiland ragt vor der Ostküste von Wrangel Island in der Tschuktschensee aus dem Meer.

98-99 Vor der Südküste der Geraldinsel gibt es weniger Eis als vor der Nordküste. Der erste Schnee bedeckt die Hänge. Binnen weniger Wochen wird die gesamte Insel von Packeis umgeben sein.

99 oben Die vom Packeis vollkommen eingeschlossene Nordküste der Geraldinsel. Im Gegensatz zu Wrangel Island, wo es zwei von Jägern und Fischern bewohnte Dörfer gibt, leben auf dieser Insel keine Menschen.

99 unten Nowaja Semlja setzt sich aus zwei großen und mehreren kleinen Inseln zusammen. Auf der Südinsel sind lediglich kleinere Gebirgsgletscher vorhanden, während die Nordinsel von einer mächtigen Inlandeismasse bedeckt ist. Auf dem Bild ist der Gletscher zu sehen, der in die Glasowbucht fließt.

Stützpunkte befinden sich auf der kleinen Insel Hayes und auf der Insel Graham Bell, der östlichsten des Archipels.
Die Insel Kolgujev besteht aus Sedimentgestein. Sie liegt nicht weit vom Delta des Pečora entfernt und wird von Fischern bewohnt. Sie ist als bevorzugter Nistplatz von wilden Schwänen und asiatischen Gänse- und Entenarten bekannt.
Die Insel Waigatsch liegt zwischen Kara- und Barentssee. Sie wird durch die Karastraße von Nowaja Semlja und durch die Jugorskii-Schar-Straße vom Festland getrennt.
Nowaja Semlja besteht aus der Nord- und der Südinsel sowie mehreren kleinen Inseln. Die Nordinsel und ein Teil der Südinsel liegen im Bereich der polaren Kältewüste. Die Vegetation besteht hier überwiegend aus Polster bildenden Pflanzen. Der übrige Teil der Südinsel gehört zur Tundrenzone. Hier gibt es auch Torfmoore. Auf Nowaja Semlja findet man Eisbären, Lemminge, Polarfüchse und Rentiere sowie im Sommer eine unglaubliche Vielzahl an Zugvögeln.
Auf dem Kontinent verbreitert sich der Tundragürtel östlich des Urals beträchtlich, und auf dem Boden finden sich an verschiedenen Stellen die Schlicküberreste des vermutlich größten Gletschersees aller Zeiten. Der See entstand während des letzten Eiszeitalters, dem Pleistozän. Damals waren die zwei großen Ströme Ob und Jenissej durch Eismassen vom Meer abgeschnitten.
Zwischen Obbusen und Karasee befindet sich die Halbinsel Jamal (122 000 km²). Im Norden ist das seenreiche Tiefland von arktischer Tundra, im Süden von Waldtundra bedeckt.
Zwischen Jenissej im Westen, Kotuj im Osten, Unterer Tunguska im Süden und Nordsibirischem Tiefland im Norden liegt das Putoranagebirge. Diese Berge sind wichtig, da dort große Vorkommen der unterschiedlichsten Metallerze lagern. Die neu entstandene, ständig im Wachstum begriffene Stadt Noril'sk liegt am Rand der Tundra und am Fuß des Putoranagebirges.
Weiter nördlich stößt man auf die Taimyrhalbinsel, die im zentralen Teil vom Byrrangagebirge durchquert wird, dessen größte Erhebungen 1146 m messen. Die Taimyrhalbinsel stellt den nördlichsten Landvorsprung des asiatischen Festlandes dar. Ihre felsigen Küsten laufen im

berühmten Kap Tscheljuskin aus, das jahrhundertelang die östliche Grenze der Nordostpassage war. Die Wilkizkijstraße trennt die Halbinsel von Sewernaja Semlja, einem Archipel, das aus vier Haupt- und vielen Nebeninseln besteht. Zu den Hauptinseln zählt Bolschewik, die zu 40 % von Gletschern bedeckt ist. Sie wird durch die ganzjährig zugefrorene Schokalskistraße von der Insel Komsomolez, einer weiteren Hauptinsel von Sewernaja Semlja, abgetrennt. Auch Komsomolez ist vergletschert, jedoch flacher als Bolschewik. Von beiden Inseln werden Eisberge ins Meer gekalbt, die mit dem Packeis nach Nordosten treiben.
Auf dem Kontinent bleibt die Küste östlich der Chatangamündung bis zum Lenadelta abschüssig, mit Erhebungen von über 100 m; danach werden Küste und Tundragürtel flacher, der Boden besteht aus mehr oder minder feinem Sand des Pleistozäns und wird vom aus Basalt und Granit bestehenden, 450 m hohen Kap Swatoj überragt.
Die Neusibirischen Inseln liegen zwischen der Laptewsee und der Ostsibirischen See. Sie set-

100 oben *Die Republik Jakutien besitzt die größte Oberfläche aller russischen Republiken. Sie wird von Süden nach Norden vom großen Strom Lena durchquert, der das Gebiet in zwei beinahe gleich große Hälften teilt. In Jakutien werden die niedrigsten Temperaturen ganz Sibiriens gemessen, mit Rekordwerten von –60 bis – 70 °C. Auf dem Bild sieht man einen Teil des Oberlaufs des Flusses Sinyaya (Nebenfluss der Lena), der westlich von der Hauptstadt Jakutsk fließt.*

100 Mitte *Die Lena ist acht Monate im Jahr zugefroren und von Jakutsk bis zum Delta schiffbar.*

100 unten *Ein Flusslauf in der arktischen Küstenregion. In Jakutien liegt die Baumgrenze in Breiten, in denen sich anderswo längst die Tundra ausdehnt.*

100-101 *Der Unterlauf des Sinyaya zieht sich durch die Nadelwälder der Ebene.*

102-103 *Kamtschatka ragt von Norden nach Süden in den Pazifischen Ozean. Im Norden der Halbinsel leben die Korjaken, im Mittel- und Südteil dagegen die Itelmen und die Ewenen.*
Die meisten Berge sind vulkanischen Ursprungs. Es gibt etwa 160 Vulkane, von denen 29 noch aktiv sind – sie bieten ein einzigartiges Naturschauspiel. 50 % des Gebiets sind von Lavagestein und Asche bedeckt. Der Vulkanismus erstreckt sich bis zu den nördlichsten Inseln der Kurilen. Auf der Halbinsel gibt es außerdem Geysire, unterirdische heiße Flüsse und Solfataren. Die typische Subarktisvegetation gedeiht hier – aufgrund des fruchtbaren Bodens – besonders üppig. Die Bilder zeigen das Kronotsky-Naturreservat im östlichen Mittelteil der Halbinsel.

104-105 *Im Kronotsky-Naturreservat findet man wilde, unberührte Natur. Das Reservat beherbergt Braunbären, Polarfüchse, Seebären und zahlreiche Vogelarten. Hunderte von Bächen und Flüssen fließen von den Bergketten im Landesinneren hinab und münden vor allem ins Ochotskische Meer westlich von Kamtschatka.*
Die Halbinsel wird von starken Regenfällen und anhaltendem Küstennebel heimgesucht. Im Landesinneren der Halbinsel ist es trockener, da die zahlreichen Berge an der Ostküste wie eine Barriere die feuchtigkeitsreichen Luftmassen aus dem Pazifik abhalten.

106-107 *Vegetationsdecke der Halbinsel Kamtschatka in der russischen Arktis. Das Plateau ist mit Preiselbeeren, Seggen und Tussockgräsern bewachsen.*

__108-109__ Im Spätfrühling entfernt sich das Packeis von der Nordküste Alaskas und zerbricht in Millionen kleine und große Eisschollen. An der Küste bleibt nur ein schmaler Streifen Eis zurück, der als Letzter schmilzt und sich im Herbst als Erster wieder bildet.

zen sich zusammen aus den Ljachowinseln, den Anschuinseln, den Neusibirischen Inseln und den De-Long-Inseln. Diese Inselgruppe ist vor allem interessant, weil man hier eine unglaubliche Anzahl versteinerter Mammutstoßzähne gefunden hat, die zum größten Teil nach China exportiert wurden. Aus den Bilanzen des Zarenreichs geht hervor, dass zwischen 1720 und 1730 gut 22 000 Stoßzähne verkauft wurden.
Östlich von Kap Swatoj ist die Küste flach und sumpfig. Nach dem Mündungsgebiet des Flusses Kolyma, ziehen sich Gebirgsketten bis zum 900 m hohen Kap Dezjnev an der Beringstraße hin. Die Küste bleibt steil und zerklüftet bis zum Delta des Anadyr', einem Fluss, dessen

__110-111__ Dieser in einem Binnensee in Island treibende Eisberg enthält deutlich sichtbar Reste von moränischem Gesteinsmaterial.

Wassermassen sich in den Anadyr'-Golf, einer Bucht des Beringmeers, ergießen.
Vor der Tschuktschenhalbinsel liegt Wrangel Island, eine von Fischern und Jägern bewohnte Insel. Hier misst die höchste Erhebung 1096 m und in den umgebenden Gewässern tummeln sich zahlreiche Walrosse und Seehunde.
Wenn man die Beringstraße überquert, erreicht man den größten und nördlichsten Staat der USA: Alaska. Von den 1,531 Millionen km^2 gehört nur ein Viertel zur arktischen Zone, vor allem die Nordküste mit ihrem Tundragürtel und die Westküste bis zur Mündung des Kuskokwim River.
Das arktische Alaska lässt sich wiederum in vier Zonen gliedern:

1. Der Norden einschließlich der weiten und sumpfigen Ebene nördlich der Brookskette.
2. Die Sewardhalbinsel.
3. Die Tiefebenen der Deltas von Yukon und Kuskokwim.
4. Die Inseln vor der Beringstraße.

Der nördlichste Teil ist die Brookskette, die sich 1000 km in ost-westlicher Richtung erstreckt und über 200 km breit ist. Zwischen der Gebirgskette und dem Meer erstrecken sich Terrassen über eine Länge von 150 km und mit einem Höhenunterschied von 800 m. Die übrige Fläche wird von einer morastigen und lagunenreichen Tiefebene eingenommen, die bis zum Meeresufer reicht. An der Küste liegen wichtige Ortschaften wie Barrow, die nördlichste Stadt Alaskas, und Prudhoe Bay.
Mit der Sewardhalbinsel beginnt die zweite Zone: Sie bildet mit der gegenüberliegenden Tschuktschenhalbinsel die Grenze zwischen der Tschuktschensee und dem Beringmeer, außerdem ist sie am Kap Prince of Wales gleichzeitig der westlichste Landstrich der Vereinigten Staaten. Diesem Kap sind zwei Inseln vorgelagert: Big Diomida, die zu Russland gehört und Little Diomida, die amerikanisch ist. Zwischen den zwei Inseln verläuft die Datumsgrenze: Wenn beispielsweise auf Little Diomida gerade Sonntag, 24:00 Uhr ist, ist es auf Big Diomida gerade Montag, 0:00 Uhr. Die wichtigste Stadt auf der Halbinsel ist Nome, die zur Hauptstadt des „Golden Rush" wurde, der Goldgräberzeit, als im Jahr 1899 an ihrer Küste beachtliche Mengen dieses Metalls gefunden wurden. Bis heute wird das „Iditarod Race" abgehalten, das längste Hundeschlittenrennen der Welt. Der Ausgangspunkt ist Anchorage, das Ziel Nome. Dazwischen liegt eine schwierige Strecke von 1000 km.
Südlich des Norton Sound beginnt die dritte Zone: Die Region, die die Mündungsgebiete von Yukon und Kuskokwim umfasst, ist flach mit einer Myriade von Lagunen, Strandseen und Teichen. Die Neigung des Bodens ist so gering, dass die Flut etwa 50 bis 60 km flussaufwärts dringt. Die zwei wichtigsten Ortschaften sind Saint Michael und Bethel im Delta des Kuskokwim.
Zur vierten Zone gehört Saint Lawrence Island, die größte und älteste Insel, deren Gestein aus dem Paläozoikum stammt. Sie ist auch aufgrund ihrer archäologischen Funde wichtig –

***112 und 113** Schmelzendes Packeis nahe der kleinen Insel Beechey, die im Schutz von Devon Island im Kanadisch-Arktischen Archipel liegt.*

***112-113** Bizarre geometrische Muster sind im Packeis vor Somerset Island in der Nähe des Lancaster Sound entstanden.*

überwiegend Elfenbeinfiguren aus der Kultur der Beringstraßen-Eskimos, die aus der Zeit um 2000 v. Chr. stammen. Nunivak Island ist der Kegel eines erloschenen, 580 m hohen Vulkans. Moose und Flechten ermöglichen die Haltung von Rentieren und Moschusochsen, die aus Norwegen und Kanada eingeführt wurden.
Die entfernte Insel Saint Matthew und die Pribilof Islands sind ebenfalls vulkanischen Ursprungs. Auf ihnen gedeiht eine üppige Tundrenvegetation. Bedeutender sind jedoch die Pribilof Islands, die Ihre Berühmtheit den etwa zwei Millionen Robben verdanken, die dort leben. Diese sind wegen ihres wertvollen Fells eine begehrte Jagdbeute. Seit der Entdeckung der Inseln im Jahr 1786 wurden die Robben zuerst von den Russen und später von den Amerikanern gejagt, bis sie vom Aussterben bedroht waren. Seit 1911 unterliegt die Jagd strengen Schutzbestimmungen, und heute ist der ursprüngliche Bestand von zwei Millionen Exemplaren wieder hergestellt. Vermutlich ist mit dieser Zahl das Maximum erreicht, das diese Gewässer verkraften können. Man erlegt jährlich etwa 70 000 männliche Tiere im Alter von drei Jahren, damit der Bestand stabil bleibt.
An der Grenze zu Alaska liegt die kanadische Arktis. Sie umfasst das bergige Gebiet um den Yukon mit der wichtigen Stadt Whitehorse. Die Selwyn Mountains trennen Yukon Territory von den Northwest Territories: Fast an der Grenze liegt der Fluss Mackenzie, der aus dem großen Sklavensee entspringt. Dort befindet sich auch Yellowknife, die Hauptstadt der Northwest Territories, die sich innerhalb weniger Jahre zu einem Zentrum mit großen Hotels und Wolkenkratzern entwickelt hat. Die Küste am Delta des Mackenzie ist flach, ein schmaler Tundragürtel zieht sich am Amundsen und am Coronation Golf entlang. Der Gürtel verbreitert sich nach Osten hin zum Bezirk Keewatin und trifft westlich der Hudsonbai auf die Städte Eskimo Point und Churchill.
Während der pleistozänen Eiszeit war beinahe die gesamte Fläche Kanadas von Eis bedeckt. Die gewaltige Eisdecke sorgte für eine Absenkung des Landes unter den Meeresspiegel. Als das Gebiet von der Last der Eismassen befreit war, hob es sich wieder und war von Geröll, Sand und Kies bedeckt. Relativ zahlreich sind

116-117 *Eine spektakuläre Luftaufnahme vom grönländischen „Inlandsis", die in der Nähe der Ostküste gemacht wurde. „Inlandsis" ist das dänische Wort für „Inlandeis", also für den Eispanzer, der die Insel zu acht Zehnteln bedeckt. Grönland ist mit einer riesigen, eisgefüllten Schüssel vergleichbar, deren Wände die Küstengebirge sind. Nahe der Ostküste ragen Hunderte von felsigen Bergipfeln aus dem Eismeer des Inlandsis. Aus der Luft sehen sie aus wie Inseln in der zugefrorenen See.*

114 *Nicht einmal im Frühsommer gibt das Packeis die Küsten von Ellesmere Island frei. Die nördlichste Insel des Kanadisch-Arktischen Archipels ist ein Naturreservat.*

114-115 *Aus dem weitläufigen 2600 m hohen und von einem gleichmäßigen, fast spaltenlosen Eispanzer bedeckten Zentralplateau von Ellesmere Island ragen felsige Berggipfel, die in der Sprache der Inuit „Nunatak" heißen.*

115 links *Die Challenger Mountains an der Nordküste von Ellesmere Island stellen den nördlichsten Gebirgszug der Erde dar. Diese Berge erreichen maximal eine Höhe von 1500 m. Es gibt dort zahlreiche Gletscher, die jedoch nicht bis ins Meer fließen.*

115 rechts *Ein Gletscher auf dem Plateau von Ellesmere Island. In hohen Breiten geht die Erosion der Felsen durch das Eis besonders langsam vonstatten. Die Gletscher im Inselinneren brauchen Jahrtausende, um sich ihre Trogtäler zum Meer zu bahnen.*

heute noch die Esker, Überreste subglazialer Schmelzwasserrinnen.
Weiter im Osten von Kanada liegt die Halbinsel Labrador. Hier wird die Küste felsiger und geht in die Labradorsee über, wo das Meeresufer noch steiler wird und bis zu 1600 m über dem Meer emporragt. Diese bergige, von vielen Fjorden zerklüftete Region ist der Südausläufer einer teilweise im Meer versunkenen, parallel zu den Längengraden verlaufenden Gebirgskette, die im Norden Baffin, Bylot und Ellesmere Island bildet. Die Erhebungen nehmen zu, je weiter man nach Norden kommt.
Die Inseln sind Teil des Kanadisch-Arktischen Archipels, der eine Fläche von 1,3 Mio. km^2 umfasst und aus 14 großen und einer Vielzahl von kleineren Inseln besteht. Auf der größten von ihnen, Baffin Island, erhebt sich im Nordteil eine Bergkette mit zahlreichen Gletschern. Der höchste Gipfel erreicht 2590 m. Im Nordwesten zieht sich der Admiralty Inlet ins Land, der längste Meeresarm Kanadas, und im Süden liegt die bedeutende Kleinstadt Frobisher Bay. Vor der Nordküste der Insel liegt Bylot Island, eine kleinere, ebenfalls vergletscherte Insel mit Erhebungen bis 1890 m. Weiter westlich liegen Somerset Island, Prince of Wales Island, King William Island, Victoria Island und Banks Island. Sie alle sind flach und haben keine Gletscher.
Die Königin-Elizabeth-Inseln weiter im Norden teilen sich in zwei Gruppen auf: Parry Islands mit Prince Patrick, Melville, Bathurst, Cornwallis und Devon Island sind von Steilküsten begrenzte Hochebenen. Mit Ausnahme von Devon Island, das bis zu 1887 m hoch ist, gibt es dort keine Gletscher. Auf Cornwallis Island liegt der Ort Resolute.
Zur anderen Gruppe, den Sverdrup Islands, gehören Borden, Mackenzie King, Ellef Ringnes, Amund Ringnes, Cornwall und Graham Island. Am äußersten Nordrand des Archipels befinden sich Axel Heiberg und Ellesmere Island, die beide fast vollständig vergletschert sind. Letztere hat auch den einzigen Eisschelf oder tafelförmigen Gletscher in der nördlichen Hemisphäre. Außerdem beherbergt die Insel die nördlichsten Ortschaften Kanadas, die ganzjährig bewohnt sind: Grise Fiord, Craig Harbour und Alexandra Fiord; Eureka und Alert sind überwiegend von militärischem Interesse.

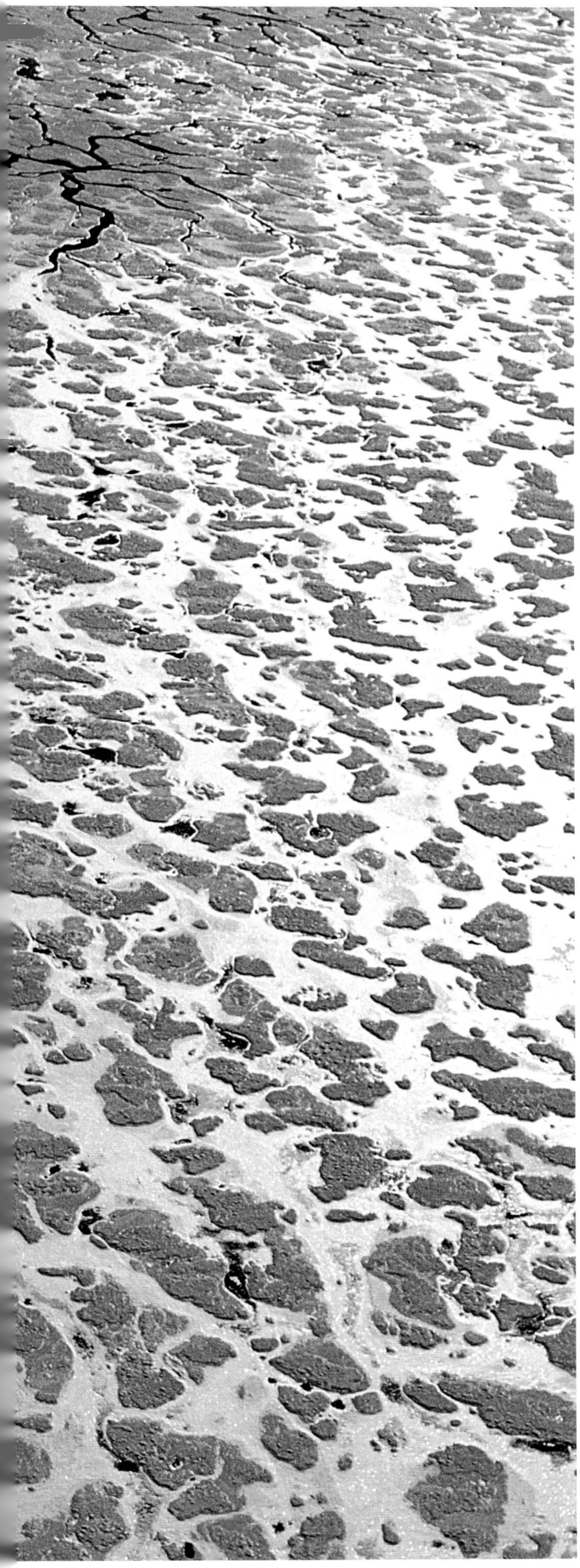

Gerade einmal 26 km von Ellesmere Island entfernt, liegt Grönland, die mit 2 175 600 km^2 größte Insel der Welt. Ihre Einzigartigkeit besteht darin, dass über acht Zehnteln ihrer Fläche von Inlandeis bedeckt sind. Da dieser Eispanzer ein Maximum von 3270 m über dem Meeresspiegel erreicht, seismische Messungen aber eine Dicke von 3410 m ergeben, bedeutet dies, dass die Eismassen den Boden unter ihnen unter den Meeresspiegel gedrückt haben, wie es auch in der Antarktis geschehen ist.
Das Inlandeis allein misst schon mehr als 1 700 000 km^2. Zusammen mit den Gletschern, die nicht mehr mit ihm in Verbindung stehen und eine Gesamtfläche von etwa 76 000 km^2 einnehmen, erreicht das Eis eine Ausdehnung von knapp 1 800 000 km^2 und ein Volumen von 2,5 Mio. m^3.
Grönland hat eine parallel zu den Längengraden verlaufende, lang gezogene Form und misst von Kap Morris Jesup (83°39' n. Br.) bis Kap Farvel (59°46' n. Br.) 2670 km. In Höhe des 78. Breitengrades erreicht es eine maximale Breite von 1200 km und verengt sich dann nach Süden hin zu einer Spitze.
Die Geologie der Insel gleicht den benachbarten Inseln Ellesmere, Bylot und Baffin. Das Gestein ist das Gleiche – es stammt aus dem alten Kanadischen Schild des Paläozoikums, das bruchstückhaft mit Eruptivgestein aus dem Tertiär überzogen ist.
Über Grönland gibt es einige interessante Tatsachen zu berichten: Seine Gestalt gleicht einer gewaltigen Schüssel, deren Wände aus Fels die große Eiskappe einfassen. Alle Berge, außer denen, die möglicherweise unter den Eismassen begraben liegen, befinden sich am Rand der Insel. Sie sind an der Ostküste weit höher als im Westen. Es seien hier nur die vier größten Gipfel genannt. Gunnbjørns Fjeld ist mit 3700 m der höchste Berg der Insel.
Der Untergrund des Inlandeises besteht unter der nördlichen Kuppel und dem zentralen Teil aus einem gigantischen Becken, das an manchen Stellen unter dem Meeresspiegel liegt. Unter der südlichen Kuppel besteht der Untergrund des Inlandeises aus einem bis zu 1000 m hohen Bergland.
Eine Besonderheit, die auch in der Antarktis auftritt, sind die Berggipfel, die in der Randzone des Inlandeises aus der Eisdecke ragen und „Nunataks" heißen, ein Begriff aus der

118 links *Eine schnurgerade Spalte hat sich im Packeis der Cambridge Bay unweit des Coronation Golfs (Victoria Island) gebildet.*

118 rechts *Schmelzendes Packeis vor Somerset Island im Kanadisch-Arktischen Archipel. Während sich das Eis auf hoher See auch im Sommer hält, bilden sich in Küstennähe Wasserlachen und -rinnen.*

118-119 *Wegen der kalten Meeresströmung aus dem Norden bleibt das Packeis vor der Nordostküste Grönlands auch im Sommer praktisch intakt. Mehr als ein Drittel der Küste ist für Schiffe ganzjährig unerreichbar.*

__120-121__ In der Barrow Strait nahe Somerset Island herrscht eine starke Strömung. Den ganzen Sommer über treiben Eisschollen auf dem Meer. Dieser Meeresabschnitt im Kanadisch-Arktischen Archipel ist ein Teil der Nordwestpassage.

__121 links__ Eine „Polynja". Polynjas sind riesige offene Wasserflächen in den eisbedeckten Polarmeeren. Sie können mehrere tausend km² umfassen.

__121 rechts__ In Küstennähe öffnen sich durch die Wirkung von Wind und Meeresströmungen breite Kanäle im Eis. Weit draußen dagegen bleibt das Packeis kompakt.

__122-123__ Die Magdalen Islands liegen im Sankt-Lorenz-Golf in Kanada und gehören zur Provinz Quebec. Der Archipel befindet sich in einem Fischfanggebiet im Umkreis der Insel Neufundland. Das Bild zeigt das Packeis im Winter.

Sprache der Inuit. Die zahlreichen gefundenen Pflanzenfossilien sind ein Hinweis darauf, dass das grönländische Klima während des Tertiärs mild oder sogar warm gewesen sein muss, bis dann im Quartär eine Welle von Eiszeiten den dicken Eismantel über die Insel breitete, der, wenngleich er heute langsam schmilzt, noch immer vorhanden ist.
Dank seismischer und gravimetrischer Messungen hat man entdeckt, dass sich zwei breite Brüche in Höhe des 69. und des 71. Breitengrades von Küste zu Küste ziehen. Dies bedeutet, dass Grönland in Wirklichkeit aus drei kleineren Inseln besteht, die durch den Eispanzer zu einer einzigen vereint werden.
Im Gegensatz zu anderen arktischen Ländern gibt es in Grönland keinen Übergang zwischen Tundra und Taiga, obwohl ein Viertel des Territoriums südlich des Polarkreises liegt. Die eisfreie Küstenzone konzentriert sich im Westteil zwischen dem 61. und dem 73. Breitengrad, im Ostteil dagegen zwischen dem 70. und dem 78. Breitengrad.
Schließlich gibt es im Norden des Landes noch ein eisfreies Gebiet, das sich bis zu dem Punkt erstreckt, der mit 83°40' dem Nordpol am nächsten ist. Bodenuntersuchungen haben ergeben, dass dieses Gebiet niemals vereist war. Im niederschlagsreicheren Süden, der Klimaschwankungen stärker ausgesetzt ist als die übrigen Landesteile, wird Schaf- und Rinderzucht betrieben. Anderswo ist der eisfreie Boden von dichten Moos- und Flechtenteppichen bedeckt, und an Stellen mit Eruptivgestein wachsen zahlreiche blühende Pflanzen. Man hat auch versucht, den Süden Grönlands mit Bäumen aufzuforsten, die dem arktischen Klima standhalten können. Die besten Resultate erzielte man mit Birken.
Hinsichtlich der Vegetation sei noch auf eine kuriose Anomalie hingewiesen: An der Nordostküste fließt eine eisige Meeresströmung vorbei und dringt bis zum 74. Breitengrad nach Süden, das Packeis verwehrt das ganze Jahr über jeglichen Zugang zur Küste. Doch die Flora ist dort artenreicher und üppiger als in allen anderen Landesteilen. Dieser Küstenstrich wurde von den Naturforschern „arktische Riviera" getauft; sogar im höchsten Norden kann man noch blühende Pflänzchen sowie zahlreiche Insekten und vier Schmetterlingsarten finden.

124 *Die Brodeurhalbinsel ist der westlichste Teil von Baffin Island. Im Vordergrund sieht man Kap Van Koenig und zu seiner Rechten die Bernier Bay. Das eisbedeckte Meer ist der Prince Regent Inlet.*

124-125 *Der Wind und die Meeresströmung bewirken, dass dieser Meeresabschnitt im Frühjahr völlig frei von Packeis ist.*

125 *Im Spätfrühling sind vom Packeis nur noch Trümmer übrig.*

Zuletzt sei noch das spektakulärste Phänomen erwähnt, das den Besucher dieses Landes, welches mehr als jedes andere arktische Land als Universum für sich bezeichnet werden kann, einfach in seinen Bann ziehen muss. Die Grönländer blickten jahrhundertelang mit Schrecken auf das Inlandsis und machten einen großen Bogen um das „große Ungeheuer aus Eis", das von verschiedenen Punkten an der Küste zu sehen ist. Dieses Ungeheuer besitzt Tentakel – Gletscherzungen, die an der Peripherie eine große Menge Inlandeis ins Meer entladen. Über die Trogtäler, also über den Weg des geringsten Widerstands, wälzen sich die Gletscher in die See. Ihre Fließgeschwindigkeit ist relativ hoch – der Ilulissat Gletscher z. B. bewegt sich mit einer Geschwindigkeit von 30 m pro Tag voran. Wenn die Gletscher das Meer erreicht haben, treiben sie noch eine kurze Strecke auf dem Wasser, bevor sich große Blöcke – die Eisberge – von ihnen lösen und von Wind und Wellen davongetrieben werden.

Nur ein Fünftel bis ein Neuntel des Gesamtvolumens eines Eisbergs ragt aus dem Wasser. Dies hängt mit den physikalischen Eigenschaften des Eises zusammen. Älteres Eis ist schwerer, jüngeres dagegen enthält noch immer eine bestimmte Menge Luft. Der bereits erwähnte Ilulissat Gletscher, der „fruchtbarste" in ganz Grönland, produziert täglich 25 000 Tonnen Eis. Alle ins Meer fließenden Gletscher zusammen produzieren die unglaubliche Menge von 370 Millionen Tonnen Eis, das entspricht einem Volumen von 400 km^3.

Grönland hat eine stark gezackte Küste mit Tausenden von Fjorden. Diese sind fast ausnahmslos ehemalige Trogtäler, die durch vorzeitliche Gletscher entstanden sind. Der längste Fjord ist mit 300 km der Scoresby Sund an der Ostküste. Er ist außerdem der längste Fjord der Welt. An der Westküste erreichen der Nordre Strømfjord mit 190 km und der Sondre Strømfjord mit 170 km ebenfalls beeindruckende Längen.

Auch Island ist bemerkenswert. Das Klima dieser Insel ist zum Teil arktisch, und zwar an der Nordküste, wo der Einfluss des Golfstroms nicht mehr spürbar ist. Island ist 103 100 km^2 groß und liegt 278 km von Grönland, 798 km von Schottland und 990 km von Norwegen entfernt. Das Territorium ist zum großen Teil unfruchtbar, weil Gletscher sowie neue Lavamas-

126 *Es ist bereits Frühling, doch noch immer hat das Eis den Norden von Baffin Island fest im Griff.*

127 *Während auf dem Meer noch die letzten Überreste des Packeises treiben, hat der erste Septemberschnee die Küste am Scoresby Sund in Ostgrönland bereits unter einer weißen Decke begraben.*

128-129 *Der Gletscher Kangerdlugssuaq ruht in einem Becken von imposanter Größe. Er befindet sich in Nordwest-Grönland. Trotz seiner Breite produziert dieser Gletscher, der aus dem Inlandeis gespeist wird und ins Meer fließt, im Vergleich zu den anderen Gletschern in Grönland eine relativ geringe Anzahl von Eisbergen. Man beachte das Fehlen von Mittelmoränen. Der Eisstrom fließt einen sanften Abhang bis zum Ozean hinunter, wo zahlreiche, quer zur Fließrichtung verlaufende Gletscherspalten auf eine weitere Verringerung des Neigungswinkels hindeuten.*

130-131 *Meereis und felsige Steilküsten im winterlichen Lancester Sound. Im Sommer bildet der eisfreie Teil der Meerenge ab der Baffinbai den ersten Abschnitt der Nordwestpassage.*

sen und Ascheschichten zahlreicher, vor kurzem erloschener Vulkane es bedecken. Der größte Gletscher, der Vatnajökull, erstreckt sich über eine Fläche von 8300 km² und ist 2120 m hoch. Vatnajökull, Langjökull (953 km²) und Hofsjökull (925 km²) sind die größten Gletscher Europas.
Alle Gletscher zusammen bedecken ein Achtel der Insel, die völlig baumlos ist und in zwei Klimazonen unterteilt werden kann: Der niederschlagsarme Norden ist mit Tundrenvegetation sowie einigen vereinzelten Gräsern und Zwergsträuchern bewachsen. Im relativ niederschlagsreichen Süden gedeihen dagegen reichlich Futterpflanzen für das Vieh, hauptsächlich Schafe.
Auf Island existieren die größten Wasserfälle Europas und zahlreiche „Geysire“, die in unterschiedlichen zeitlichen Abständen heißes Wasser und Dampf ausschleudern.
Eine weitere Besonderheit dieser Insel sind die submarinen Eruptionen in Küstennähe, bei denen große Mengen vulkanischer Lava ausgestoßen werden, die beim Abkühlen zu kleinen Inseln erstarrt. Sobald das neu entstandene Land abgekühlt ist, wird es von den Seevögeln der Hocharktis als Nistplatz in Besitz genommen. Viele Arten ziehen es vor, im maritimen Klima Islands zu überwintern, anstatt die kalte Jahreszeit auf dem nächsten Kontinent zu verbringen. Im Sommer suchen sich Millionen von Vögeln, wie Gänse, Enten und Stelzvögel die Insel als Nistplatz aus.

132 Zwei alte Frauen vom Stamm der Coppermine-Inuit tanzen zum Trommelschlag einer anderen Stammesangehörigen vor ihrem jungen Publikum.

132-133 Der junge Jamiesie Mucktar, ein Inuit von Baffin Island, wurde in Pond Inlet, einem Dorf an der Westküste der Insel, fotografiert.

DER MENSCH UND DAS EIS: EINE UNENDLICHE GESCHICHTE VOLL ALLTÄGLICHEM HELDENTUM

133 Dieses Spiel, eine Art Trampolinspringen, ist unter den wenigen Inuit, die noch dem Walfang nachgehen, weit verbreitet. Das „Trampolin“ ist ein Tuch, das von vielen hilfsbereiten Freunden gehalten wird. Früher wurde es traditionell aus Walrosshäuten gefertigt.

An den Küstenstreifen entlang des Nordpolarmeeres sind schon seit Jahrtausenden Völker ansässig, die sich in ihrer Sprache und in ihrem Ursprung voneinander unterscheiden, jedoch einen ähnliche Kultur besitzen. Dank dieser Kultur waren die unterschiedlichen Völker der Arktis in der Lage, unter den schwierigen Umweltbedingungen dieser unwirtlichen Gegend zu überleben.
Zunächst wurde diese Kultur unterschätzt und belächelt, später aber begriffen und von jenen assimiliert, die in diesen Breiten arbeiten wollten und die Lebensweise der Einheimischen übernehmen mussten. Mit ihrem „Verkehrsmittel“, dem Hundeschlitten, und ihrer Kleidung aus mehreren Lagen Pelz gelang es z. B. den Forschungsreisenden Robert Peary und Roald Amundsen 1909 bzw. 1911 den Nord- bzw. den Südpol zu erreichen und die beschwerliche Reise in guter körperlicher Verfassung zu bewältigen.
Vilhjalmur Stefansson, ein kanadischer Forscher und Ethnologe, war entscheidend an der Erforschung und Erschließung des arktischen Nordamerika beteiligt. Er lebte zwischen 1906 und 1907 unter den Eskimos und unternahm von 1908 bis 1918 ausgedehnte Forschungsreisen im Kanadisch-Arktischen Archipel.
Die am meisten erforschte und den schwierigen Lebensbedingungen der Arktis am besten angepasste Kultur ist die der Eskimos. Das Wort „Eskimo“ stammt aus dem Cree-Dialekt der Algonkin-Indianer, die diese Menschen damit verächtlich als „Esser rohen Fleisches“ bezeichneten. Die Eskimos bewohnen heute nur ein winziges Gebiet am östlichsten Ende Asiens. Doch vor langer Zeit breiteten sie sich über die Beringstraße (die damals vermutlich noch eine Landbrücke zwischen den beiden Kontinenten war) im gesamten nordamerikanischen Raum bis nach Grönland aus.
Entlang des eurasischen Arktisgürtels sind noch weitere Völker mit ähnlicher Lebensweise beheimatet. Die Existenzgrundlagen all dieser Völker weisen immer Gemeinsamkeiten auf: Fischerei, die Jagd auf Meeressäuger, Rentierzucht und das Reisen mit Hundeschlitten. Die erste Aktivität trifft fast auf den gesamten Raum zu, die zweite und die dritte schließen sich in gewisser Weise gegenseitig aus und die letzte ist eine Spezialisierung, die nur einzelne Völker betrifft. Die Küstenbewohner sind Jäger und benutzen Hundeschlitten, während die Bevölkerung im Landesinneren von der Rentierzucht lebt.
Die Unterteilung der im eurasischen Gürtel beheimateten Völker ist sehr kompliziert, da die Gebiete, in denen die Völker ansässig sind, sich mit den Wohngebieten anderer Völker überschneiden. Außerdem haben die verschiedenen Siedlungen nie eine einheitliche Struktur, sodass man sie nicht als Nation bezeichnet kann. Einzelne Völker haben sich inmitten anderer Menschengruppen an mehreren Stellen des arktischen Raums niedergelassen. Im Abstand von wenigen Kilometern leben Menschen, die die Sprache ihrer Nachbarn über-

haupt nicht kennen. Diese jahrhundertelange Isolation verhinderte die Bildung von ausreichend großen Gemeinschaften, die in der Lage gewesen wären, den Invasoren zu trotzen – vor allem den Russen, die mit einem bescheidenen Kosakenkontingent zwischen 1583 und 1642 ganz Sibirien eroberten. Die Tschuktschen waren die letzten, die der Zarenherrschaft Widerstand leisteten und jeden Zentimeter ihres Landes verteidigten, wobei sie direkten Zusammenstößen kraft ihrer Mobilität und des geschickten Einsatzes von Hundeschlitten aus dem Weg gingen.
Trotz der brutalen Unterdrückung und Ausbeutung der Ureinwohner muss man jedoch anerkennen, dass die russische Herrschaft über eine so heterogene Bevölkerung auch ihr Gutes hatte: Allmählich wurde die russische Sprache von

134 *Die Halbinsel Kanin im europäischen Teil Russlands. Ein Nenze und seine Frau sitzen auf einem Schlitten. Die Nenzen sind Halbnomaden und leben von der Rentierzucht. Viele ihrer Sitten und Gebräuche ähneln denen der Lappen.*

135 *Noah, ein Karibu-Inuit vom Baker Lake im Herzen Kanadas, blickt aus seinem Zelt aus Karibufellen. Die Felle werden zusammengenäht und über ein Gerüst aus Holzpfählen gelegt. Man beachte die schlichte, aber aparte Eleganz seiner Kleidung, die – einschließlich der Stiefel – aus weichem Karibufell hergestellt ist.*

allen übernommen, und die neuen Untertanen konnten sich endlich untereinander über die Grenzen ihres eigenen Volkes hinweg verständigen.

Es sei außerdem auf eine weitere geschichtliche Tatsache hingewiesen: Schon im Jahr 1600 wurden Menschen nach Sibirien verschleppt oder in die politsche Verbannung geschickt, wobei die Deportierten zahlenmäßig die einheimische Bevölkerung überstiegen. Viele von ihnen konnten fliehen und verstreuten sich in unerforschte Gebiete. Manche gingen zugrunde, doch andere fanden Zuflucht bei den Einheimischen. In tausenden von Fällen vermischten sich die Neuankömmlinge auch mit ihnen, was vor kurzem durch eine in der postsowjetischen Ära veröffentlichte Untersuchung hervorgehoben wurde.

Die Einwohner Sibiriens lassen sich in fünf Hauptgruppen unterteilen:

- Lappen oder Samen
- die finno-ugrische Gruppe
- die tungusisch-mandschurische Gruppe
- die turksprachigen Jakuten
- Paläoasiaten.

Man hat herausgefunden, dass die Gruppen drei und vier die letzten Invasoren des arktischen Gürtels gewesen sind. Die Gruppen zwei und fünf (zu dieser gehören auch die Eskimos) sind am längsten dort ansässig. Die erste Gruppe, die Lappen, deren Sprache ebenfalls finno-ugrischen Ursprungs ist, aber völlig anders gesprochen wird, da sie den typischen agglutinierenden Charakter verloren hat, stellen ein Rätsel für sich dar. Die Lappen haben, obwohl ihr Siedlungsgebiet auf norwegischem, schwedischem und finnischem Territorium liegt (nur ein geringer Teil ist auf Kola ansässig und der russischen Staatsgewalt unterworfen) eine bewundernswerte kulturelle Einheit bewahrt, die sie intensiv pflegen. Ihr Leben ist heute weniger hart als in der Vergangenheit, doch es wird immer noch vom polaren Klima und den Tücken der weiten, kargen Landschaft beeinflusst, in der sie zu Hause sind. Es ist wesentlich von Einsamkeit und Monotonie geprägt. Deswegen versuchen die Lappen jede Pause für Spaß und Geselligkeit zu nutzen. Berühmt sind die Frühlingstreffen zur Osterzeit, wenn sich ganze Familien auf die Reise machen, um ihre Erzeugnisse auf den Markt zu bringen und Rohmaterial und Werkzeuge zu kaufen. Grup-

__136 und 137__ Der nördlichste Teil Norwegens ist das unangefochtene Reich der Samen, besser bekannt als Lappen. Die Samen sind die wahren Herren des hohen Nordens. Sie haben schon immer ein Nomadendasein geführt und leben von der Rentierhaltung, die bis vor wenigen Jahren die größte Quelle ihres Wohlstands war. Heute entsenden die Samen, deren einzelne Stämme in den arktischen Regionen Norwegens, Schwedens, Finnlands und Russlands beheimatet sind, ihre eigenen Abgeordneten ins Parlament. Sie haben ihren eigenen Radiosender und verschiedene Zeitungen und Zeitschriften. Die Sprache der Lappen gehört einer ganz anderen Sprachfamilie an als die übrigen skandinavischen Sprachen. Die typische Männertracht besteht aus einem schweren blauen, mit roten Bändern und bunten Borten besetzten Kittel, der in der Taille von einem Gürtel zusammengehalten und über Hosen aus Rentierleder getragen wird. Die Kleidung der Frauen unterscheidet sich dadurch, dass das Oberteil länger und glockiger geschnitten ist. Zur Tracht der Frauen gehört außerdem noch ein mit Fransen besetztes Dreieckstuch. Während das Schuhwerk bei allen Stämmen im Wesentlichen gleich aussieht, sind die Kopfbedeckungen, vor allem die der Männer, von Stamm zu Stamm verschieden.

pen, die sich jahrelang nicht gesehen haben, treffen sich und feiern dieses Ereignis. Die Zeit ist auch günstig, um Hochzeiten zu feiern oder Vermögensangelegenheiten zu regeln. Während dieser Zusammenkünfte finden außerdem sportliche Wettkämpfe und Geschicklichkeitsspiele statt. Am wichtigsten ist dabei ein waghalsiges Rennen, bei dem die Wettkämpfer sich auf Skiern von eigens dazu abgerichteten Rentieren ziehen lassen.

Zur finno-ugrischen Gruppe zählen die Nenzen, die von Kola bis Jamal vertreten sind. Sie sind in erster Linie Rentierzüchter und setzen die Tiere auch zu Beförderungszwecken ein. Zur gleichen Gruppe gehören auch die Komi, die westlich des Urals angesiedelt sind, während die Ostjaken östlich dieser Gebirgskette und weit von der Küste entfernt leben. An der Küste dagegen findet man bis zum Jenissejdelta die Nenzen. Weiter östlich stößt man auf die Nganasanen, deren Gebiet sich bis zur Taimyrhalbinsel erstreckt.

Weiter landeinwärts trifft man auf die Ewenken, die tungusisch-mandschurischer Abstammung sind. Noch weiter östlich beginnt das Territorium der Jakuten, die sowohl an der Küste als auch im Landesinneren leben und deren Sprache sich aus dem Türkischen ableitet. Sie sind, oft zusammen mit den tungusisch-mandschurischen Ewenen, an strategisch wichtigen Stellen der Ströme Olen'ok, Lena und Indigirka ansässig.

Östlich von Jakutien leben die paläoasiatischen Völker, d. h. die Jukagiren, Tschuktschen, Korjaken und Itelmen vermischt mit Nenzen, die finno-ugrischen Ursprungs sind. Die eurasischen Völker bewohnen bis auf ein kleines Gebiet, in dem etwa 1000 asiatische Eskimos leben, die gesamte Tschuktschenhalbinsel, Kamtschatka und die nördliche Region der Insel Sachalin, die die Heimat der Giljaken ist. Die ausgedehnte Zone am Ochotskischen Meer ist von Ewenen und Ewenken besiedelt, die beide zur tungusisch-mandschurischen Gruppe gehören.

Auf der anderen Seite der Beringstraße ist die Situation sicherlich einfacher: Zunächst einmal existieren dort nur zwei Völker, die Alëuten und die Eskimos. Erstere leben auf der langen Inselkette an der Grenze des Beringmeers und sind auch auf der russischen Insel Komandorski zu finden, die Kamtschatka vorgelagert ist.

138 *Ein reicher lappischer Rentierzüchter in seiner eleganten Tracht. Es dominieren die Farben Blau und Rot. Die zylinderförmige Kopfbedeckung ist mit bunten Bändern geschmückt. Die Jacke wird vorne von einer silbernen Schließe zusammengehalten. Auch der Hemdkragen ist mit Schmuck besetzt. Das Bild entstand in Kautokeino im norwegischen Teil Lapplands.*

139 oben *Ein Rentierzüchter inmitten seiner Herde während des Winteraufenthalts in den Wäldern Lapplands in Norwegen.*

139 unten *Eine Lappländerin mit einem Geweihast, den ein Rentier im Winter verloren hat.*

140 und 140-141 *Vorbereitungen für das Rentierrennen in Kautokeino in der Provinz Finnmark. Diesem Ereignis wohnen auch zahlreiche Samen aus den benachbarten schwedischen und finnischen Gemeinden bei. Neuerdings locken diese Frühlingsspiele, die in die Zeit der Osterfeierlichkeiten fallen, auch viele Touristen an.*

141 oben *Eine junge Lappländerin aus Kautokeino. Wie man sieht, treten bei den Lappen viele unterschiedliche Physiognomien in Erscheinung. Einige haben mongolische, andere wiederum europäide Gesichtszüge, die sich kaum von denen der übrigen Bevölkerung Skandinaviens unterscheiden.*

141 Mitte *Eine Phase des Rentierrennens. In diesem Fall wurde das Rentier vor einen Schlitten gespannt. Dem Tier fehlt nicht etwa deshalb das Geweih, weil es einer grausamen Tierquälerei zum Opfer gefallen ist, sondern weil Rentiere ihr Geweih von Natur aus jeden Winter abwerfen. Im Frühling wächst dann ein neues nach.*

141 unten *Dieser Stiefel aus Rentierfell ermöglicht ein besseres Vorankommen auf dem Schnee, weil nur die Stiefelspitze am Ski befestigt ist. Er wird im finnischen Teil Lapplands getragen, und ist, leicht abgewandelt, im gesamten Territorium der Samen bekannt.*

142 oben *Luftaufnahme von Hetta, einem Ort im finnischen Teil Lapplands. Im Winter verschwinden die Seen und Flüsse unter einer Decke aus Schnee und Eis, die von ausgedehnten Fichtenwäldern unterbrochen ist.*

142 Mitte *Eine Tankstelle in der Finnmark. Motorschlitten haben sich für die Samen als sehr nützlich erwiesen, um die Rentierherden zusammenzuhalten.*

142 unten *Eine junge Lappländerin in traditioneller Tracht beim Einkauf in einem Supermarkt in Hetta.*

142-143 *Mit einem kleinen Webholz fertigt diese Lappländerin in ihrer Wohnung traditionelle Motive zur Verzierung von Kleidern an.*

143 *Ein Brautpaar nach der Trauungszeremonie in der lutheranischen Kirche von Kautokeino (Finnmark). Der typische Silberschmuck, der bei diesem Anlass besonders üppig ausfällt, wird von einer Generation zur nächsten weitervererbt.*

144-145 *Reine auf den Lofoten in Norwegen. Der Ort liegt an der Südspitze der Insel Flakstadøy. Wenige Meilen südlich davon schäumt das Meer. Hier trifft der Nordatlantikstrom auf die Meeresströmung der Lofoten und krümmt sich in sich selbst. Dabei entsteht der berüchtigte „Malstrom“, der Schrecken aller Seefahrer.*

146 Eine Gruppe von Karibu-Inuit ist im Abendlicht in der Gegend von Baker Lake unterwegs. Der Ort liegt in den Barren Grounds in Kanada, direkt am Baker Lake.

146-147 Zwei Inuit vor ihrem Zelt aus Karibufellen. Bei ihrer Kleidung ist die Fellseite nach innen gekehrt. Die Brillen bestehen aus dünnen Holzleisten, die vorne zwei schmale Sehschlitze haben und vor dem blendenden Licht schützen.

147 oben *Noah spielt mit einem kleinen hohlen Knochen, der an einem Lederband hängt. Das Ziel ist es, mit einer Bewegung aus dem Handgelenk heraus ein Stäbchen, das in der Hand gehalten wird, in den knöchernen Zylinder zu befördern.*

147 unten *Noah tanzt zum Schlag einer runden, mit Karibuhaut bespannten Trommel.*

Die Eskimos leben auf einem 9000 km langen Küstenstreifen, der von der Beringstraße bis zur Ostküste Grönlands reicht. In der Nähe der Beringstraße leben die so genannten Beringstraßen-Eskimos, weiter im Norden erstreckt sich bis zur kanadischen Grenze das Gebiet der Nordalaska-Eskimos. Südlich des Yukon sind die Westalaska-Eskimos beheimatet. Auf der Halbinsel Kenai leben die Chugash-Eskimos. In Kanada sind die Mackenzie-Eskimos zu Hause, Victoria Island und der gegenüberliegende Teil des Kontinents sind dagegen die Heimat der Copper-Eskimos. Im Bezirk Keewatin leben die Karibu-Eskimos und auf der Ungavahalbinsel und in Labrador findet man die Labrador-Eskimos. Die Netsilik-Eskimos sind auf der Halbinsel Boothia ansässig, die Iglulik-Eskimo dagegen auf der Halbinsel Melville.
Die Baffinland-Eskimos leben auf Baffin Island. Southampton Island im Norden der Hudsonbai wird ebenfalls von Eskimos bewohnt. In Grönland unterscheidet man die Polar-Eskimos, deren Siedlungsgebiet die nördlichste dauerhaft bewohnte Zone der Arktis ist, von den Angmassalik-Eskimos im Osten und den Westgrönland-Eskimos im Westen.
Obwohl es unter den einzelnen Eskimostämmen einige Unterschiede gibt, sind die körperlichen Merkmale der Eskimos relativ leicht zu beschreiben. Sie sind von kleiner Statur, haben kurze Gliedmaßen und einen sehr robusten Rumpf. Auch ihre Hände und Füße sind klein. Der Kopf hat eine lang gezogene Form, die Wangenknochen sind besonders ausgeprägt und die Kaumuskeln sehr gut entwickelt. Die Lidfalte fehlt bisweilen bzw. ist nicht so stark ausgeprägt wie bei anderen Völkern des Nordens. Das Haar der Eskimos ist glatt und schwarz, die übrige Körperbehaarung fällt eher spärlich aus. Obwohl ihre Nase von außen breit aussieht, ist die Nasenhöhle sehr eng, enger als bei allen anderen menschlichen Rassen. Beide Merkmale – die Kürze der Gliedmaßen, durch die das Herz weniger arbeiten muss, um die Extremitäten warm zu halten, sowie die enge Nasenhöhle, durch die die Atemluft besser angewärmt werden kann, sind Anpassungen an das polare Klima. Bekannt ist außerdem die Fähigkeit der Eskimos, große Mengen fetthaltiger Nahrung zu verdauen und zu assimilieren. Die Eskimos, die sich selbst lieber als Inuit (Menschen) bezeichnen, können in dieser rau-

en Region überleben, weil sie gelernt haben, die wenigen Materialien, die ihnen die Natur zur Verfügung stellt, optimal zu nutzen. Und dennoch hat die westliche Kultur es geschafft, die altbewährten Traditionen zu durchbrechen und den Inuit eine neue Lebensweise zu vermitteln. Die im Folgenden beschriebene Lebensweise und Kultur hatten zum Großteil nur bis vor den Zweiten Weltkrieg Gültigkeit.
In der Arktis gibt es bekanntlich kein Holz – außer gelegentlich angespültem Treibholz – und das einzig verarbeitbare Metall, Kupfer, ist nur im zentralen Teil der kanadischen Arktis vorhanden und wurde selten verwendet, da der Schmelzprozess noch nicht bekannt war. Weit verbreitet war dagegen der Speckstein, der leicht zu verarbeiten war. Aus ihm wurde

der „Kudlik" hergestellt, eine Art Öllampe, die mit Walfett oder dem Fett anderer Tiere gespeist wurde und in der Behausung nicht nur Licht, sondern auch Wärme spendete. Als Docht benutzte man getrocknetes Moos. Den Frauen, die selbst während der Ruhezeiten die Lampe nicht ausgehen ließen und mehrmals ihren Schlaf unterbrachen, um das Haus behaglich warm zu erhalten, wurde große Achtung entgegengebracht.
Zwei Wörter aus der Eskimosprache sind weltweit bekannt: Kajak und Iglu. Der Kajak, ein federleichtes Boot aus einem leichten Holzgestell, das mit enthaarten Robbenfellen bespannt ist, ist eines der erlesensten Beispiele der Eskimokultur. Die Fähigkeit, solche Boote zu bauen, erreicht ihren Höhepunkt in Grönland und wird nach Westen hin geringer. Mit Hilfe des Kajaks und einer weiteren genialen Erfindung, der Harpune mit beweglicher Spitze, zögert der Eskimo nicht, auch großen Beutetieren, wie z. B. Walen, mit einer bewundernswerten Mischung aus Geschicklichkeit und Mut entgegenzutreten.
Das klassische Iglu wird aus Schneeblöcken errichtet, die mit einem speziellen Messer aus dem Schnee herausgeschnitten werden. Es stellt ein architektonisches Meisterwerk dar, das gleichzeitig widerstandsfähig, wärmedämmend und schnell zu bauen ist. Ein Profi braucht manchmal weniger als eine Stunde, um die gesamte Struktur zu errichten und weniger als eine halbe Stunde, um eventuell vorhandene Ritzen mit gepresstem Schnee zu füllen. Der Eingang ist ein Tunnel, der durch seine Ausrichtung gegen den Wind abgeschirmt und tiefer gelegt ist als der Boden im Inneren der Hütte. Im Inneren kann die Temperatur um 40 bis 50 °C über der Außentemperatur liegen. Iglus können unterschiedlich groß sein, je nachdem, ob sie als improvisierte Unterkunft während der Jagd oder als längerfristiger Aufenthaltsort für die ganze Familie dienen sollen.
Die Iglukultur ist nicht in der gesamten Arktis verbreitet. In Grönland und in Alaska waren Iglus nie bekannt. Dort waren die provisorischen Behausungen immer Zelte aus Holzpfählen und Tierhäuten, die dauerhaften waren in den Boden gegraben und mit einem Dach aus Walkiefern und Tierhäuten versehen. Nur selten war das Dachgerüst aus Treibholz. Diese Gruben waren weitaus weniger hygienisch als

148 *Elizabeth von den Karibu-Inuit bei Baker Lake, Kanada, trägt eine gehäutete Karibuhälfte auf ihren Schultern.*

149 *Auf diesem Bild ist Ruth zu sehen, eine alte Inuitfrau. Ihr Haar ist nach Art der Indianerfrauen zu Zöpfen geflochten, und sie trägt die typische Kleidung aus Karibuhäuten mit nach innen gekehrter Fellseite. Der Kragen ist mit einer aparten Verzierung versehen.*

***150** Die Barren Grounds in Kanada sind die Heimat der Karibu-Inuit. Die Basis des Iglus wird aus Schneeblöcken mit geeigneter Konsistenz gebaut.*

150-151 *Das Iglu sieht seiner Vollendung entgegen. In dieser besonders schwierigen Phase werden die Blöcke aus Schnee fast horizontal auf die Öffnung gelegt, um die Kuppel zu schließen.*

151 oben *Die letzten Schneeblöcke werden mit einem langen Messer aus einem größeren Block geschnitten.*

151 unten *Die warme Kleidung dieser Inuit macht deutlich, dass trotz des sonnigen Wetters eine klirrende Kälte herrscht. Unter solchen klimatischen Bedingungen erreicht der Schnee eine Festigkeit, die für den Iglubau ideal ist.*

die Iglus. Für einen anderen Häusertyp verwendete man Torfstücke, während die Abdeckung wie gewöhnlich aus Tierhäuten bestand, das Dachgerüst dagegen aus Materialien, die vor Ort verfügbar waren. Diese Konstruktion bot etwas mehr Komfort, da die Bewohner darin aufrecht stehen konnten.

Ihre Kleidung fertigten die Eskimos ebenfalls aus Fellen. Sie stammten von Karibus, Robben oder Eisbären. In Grönland wurde das Fell des Eisbären ausschließlich für die Hosen der Männer verwendet. Karibufelle wurden mit der behaarten Seite nach innen getragen. Andere Felle dienten als Ruhelager, bei den Eskimos im Landesinneren auch als Zeltplanen. Besonders wichtig waren Karibusehnen, mit denen die Kleidungsstücke und die Tierhäute für die Wände der Kajaks und Umiaks zusammengenäht wurden. Letztere sind geräumige Boote, die weniger bei der Jagd als vielmehr beim Transport der gesamten Familie und des Hausrats zum Einsatz kamen. Die Karibusehnen quellen im Wasser auf, sodass die Nähte vollkommen wasserdicht werden.

Robbenfelle fanden in vielen Bereichen Verwendung so z. B. als Material für Kittel, die über der restlichen Kleidung angezogen wurden, sowie für Hosen und Stiefel. Aus dünnen Streifen Robbenhaut wurden die Hundegeschirre, die Riemen mit denen die Ladung festgezurrt wurde und die Peitschen hergestellt. Die dünnen Streifen dienten aneinander geknotet auch als Harpunenleinen, an deren Ende ein luftgefüllter Ballon aus Robbenfell befestigt war. Die getroffene Beute wurde so am Abtauchen gehindert. Gewaschene und getrocknete Robbendärme lieferten ein durchscheinendes Material, aus dem primitive Fenster für Iglus und Torfhäuser gemacht wurden.

Aus Eisbärenfell stellte man auch Stiefelsohlen her, die besonders rutschsicher waren und beim Gehen wenig Geräusche erzeugten. Ihre isolierende Eigenschaft erwies sich während der langen Zeiten, die man bei der Robbenjagd auf dem Packeis ausharren musste, als äußerst nützlich. Eisbärenfell wurde auch in dünne Streifen geschnitten und an den Schlittenkufen angebracht. Das Material ist sehr widerstandsfähig bei Zusammenstößen mit dem blanken Eis, und der Schlitten bleibt auf weichem Schnee noch ausreichend gleitfähig.

Die Felle von Wölfen und Vielfraßen zierten

152 *Ein Karibu-Eskimo hat ein Loch in die Eisdecke des Baker Lake gebohrt, um Fische zu fangen.*

152-153 *Zwei Inuit beeilen sich, einen gerade gefangenen Fisch zu verzehren, bevor dieser bei den eisigen Temperaturen anfängt zu gefrieren.*

153 *Ein alter, zum Schutz vor der Kälte warm angezogener Eskimo trägt eine Holzbrille mit schmalen Sehschlitzen. Mit dieser Brille kann er sehen, ohne von dem gleißenden Licht geblendet zu werden.*

154 oben *Die beiden Inuit Ruth und Joshua wandern mit ihrem zusammengerollten Zelt, einem Lederbeutel voll Wasser und einer Schaufel aus Karibuknochen zu ihrem Sommerwohngebiet.*

154 Mitte *Das runde Zelt, das aus zahlreichen Karibuhäuten genäht ist, wird erst auf der Erde ausgebreitet, bevor es auf dem Holzgerüst befestigt wird.*

154 unten *Das relativ komplexe Gerüst der Sommerhütte besteht aus gekrümmten, in gleichem Abstand in den Boden gerammten und am oberen Ende mit einem Lederband zusammengebundenen Stäben.*

154-155 *Ruth facht das Feuer in der Mitte der Hütte an, um Wasser zu erhitzen. Im Zelt gibt es kein Loch, aus dem der Rauch entweichen könnte, und der Ruß setzt sich an den Innenwänden der Hütte fest.*

die Kapuzen der Anoraks, der Jacken aus Robbenfell. Die Häute von Vögeln wurden zu Unterhemden zusammengenäht, die die Jäger trugen, wenn sie lange Zeit der winterlichen Kälte ausgesetzt waren. Pflanzen fanden in sehr beschränktem Umfang Verwendung: Getrocknetes Moos wurde als Lampendocht verwertet, und die harzhaltige Heide lieferte Brennmaterial. Das einzige Obst das es gab, waren Heidelbeeren, die wegen ihres hohen Vitamin-C-Gehalts besonders geschätzt wurden. Den Vitaminbedarf deckten die Haut des Narwals, die ebenfalls sehr reich an Vitamin C ist, aber auch die inneren Organe von Tieren. Sie wurden entweder roh oder kurz angebraten gegessen. Da Fleisch die Haupt-, wenn nicht gar die einzige Nahrungsquelle der Eskimos war, ist es verständlich, dass die Jagd für sie von großer Bedeutung war. Im Sommer jagten sie von ihren Kajaks oder von ufernahen Eisschollen aus Robben, Walrosse, Belugas und Narwale. Oft fingen sie auch einen großen Wal, sodass sie ausreichend Nahrung für den Winter hatten. Karibus jagten sie mit primitiven Waffen, wie Pfeil und Bogen oder Speeren, nachdem sie einige der Tiere z. B. mithilfe von Steinfiguren in eine bestimmte Richtung gelenkt hatten. Die Bearbeitung der Felle war Aufgabe der Frauen, die das zähe Material oft weichkauten, um es weiterverarbeiten zu können. Süßwasserfische wurden im Sommer mit Speeren gefangen. Im Winter brach man dagegen ein Loch in die Eisdecke und spießte die Fische mit einer ganz besonderen Harpune, deren Kopf drei Spitzen hatte und aus Walrosselfenbein bestand, auf. Während der Jahreszeit, in der die Lachse flussaufwärts schwimmen, konnten die Eskimos große Vorräte an Fischen anlegen, die sie entweder räucherten oder unter Schneehügeln vergruben und dann mit Wasser begossen, damit der Schnee zu Eis wurde und keine Füchse, Hunde oder Eisbären an das kostbare Gut gelangen konnten. Eine weitere Nahrungsquelle waren Vogeleier, die vor allem von Kindern gesammelt wurden, aber auch die Vögel selbst, vor allem Lummen, die in riesigen Schwärmen dicht über dem Erdboden fliegen und sich in den Netzen der Menschen verfingen.
Die Philosophie der Eskimovölker ist schon seit jeher ein utilitaristischer Nomadismus gewesen. Ihr Aufenthaltsort war z. B. abhängig von den Jahreszeiten und den Wanderungen

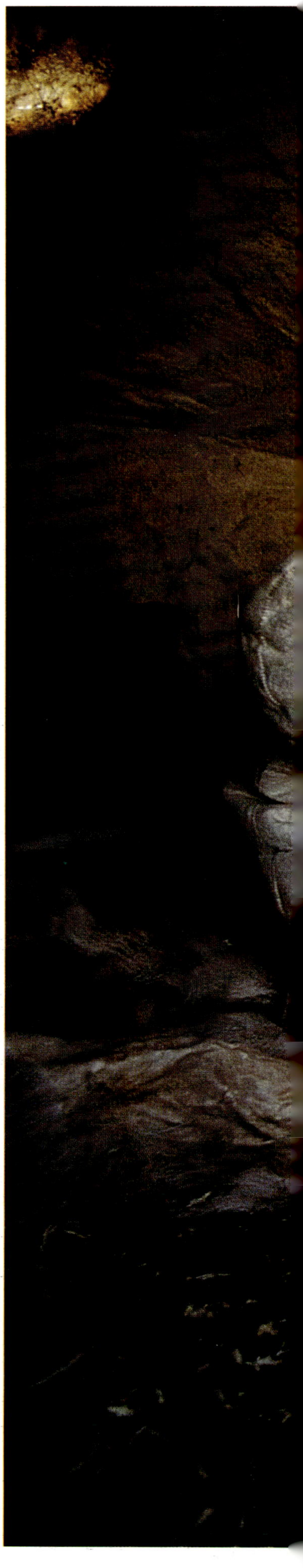

155 *Endlich ist das Zelt aufgebaut. Die beiden Paare genießen die behagliche Wärme, die von der traditionellen Specksteinlampe, dem „Kudlik", ausgestrahlt wird. Sie wird normalerweise mit Robben- oder Walfett gespeist, funktioniert aber auch mit dem Fett von Fischen, Vögeln und Karibus.*

156 links *Die Halbinsel Melville im Nordosten Kanadas ist das Gebiet der Iglulik-Inuit. Auf dem Bild ist eine Hundemeute zu sehen, die sich um ihr Futter – eine zerlegte Robbe – drängt.*

156 rechts *Inuit, die auf ihrer Frühlingswanderung eine Ruhepause einlegen wollen. Sie sind gerade dabei, ein Zelt aufzubauen.*

156-157 *Eine fächerförmig vor das Gefährt gespannte Hundemeute zieht einen „Komatik", den Schlitten, der noch heute das wichtigste Transportmittel für die in der amerikanischen Arktis lebenden Stämme darstellt. Die Größe des Komatik variiert, je nachdem, ob er bei Rennen, für den Personentransport, als Lastschlitten, für lange Reisen oder kurze Strecken eingesetzt wird.*

der Karibus, der Ankunft der Zugvögel oder dem Vorüberziehen der Wale. Obwohl sich die Gesellschaftsordnung der Eskimos in diesem Jahrhundert grundlegend gewandelt hat, müssen wir kurz auf sie eingehen, um die Konsequenzen, die die Begegnung dieses Volkes mit der westlichen Kultur nach sich gezogen hat, besser verstehen zu können.
Die Eskimokultur gehörte sicherlich jenen Kulturen der frühen Steinzeit an, die keinerlei Stammesstruktur besaßen. Die Familie – oder höchstens ein paar Familien – war die größte organisierte Einheit. In manchen Fällen erkannte die Gruppe ein Mitglied mit besonderen Qualitäten als Autorität an, etwa einen guten Jäger, der mit seinen Fähigkeiten und seinem Mut das Schicksal der gesamten Gruppe beeinflussen konnte. Wenn keine solche Persönlichkeit zur Verfügung stand, lag die Autorität in den Händen des Schamanen. Diese Figur war nicht nur ein Bestandteil der Eskimokultur, sondern auch aller anderen Völker der Arktis. Der Schamane war für die Eskimos der Mittler zwischen der irdischen Welt und den Gottheiten oder den Geistern, ob es nun darum ging, sich Erfolg bei der Jagd zu sichern oder ob man um Verzeihung bitten wollte, weil man ein Tabu verletzt hatte. Zu seinen Aufgaben gehörte es auch, Krankheiten zu heilen und mögliches Unheil von der Gruppe abzuwenden. Der Schamane stellte für den in einer kargen Umwelt lebenden Eskimo eine Flucht vor seinen Ängsten und den Widrigkeiten des Alltags, aber auch den Zugang zu einer spirituellen Welt dar, die ihn trotz ihrer Einfachheit beruhigte.
Was man aber nicht unterschätzen sollte ist, dass die Eskimos und ihre Gesellschaftsstruktur sich im Einklang mit ihrer außergewöhnlichen Umwelt befanden. Es gibt für einen Menschen aus der modernen westlichen Welt nichts beruhigenderes, als einem Eskimo zuzusehen, der während eines Schneesturms, kurz vor Einbruch der Dunkelheit, Schneeblöcke für ein Iglu herausschneidet, seine Arbeit unterbricht, um sich seelenruhig eine Pfeife anzuzünden, und dann die Konstruktion vollendet.
Vier wichtige Charaktereigenschaften zeichneten die Eskimos aus: Die erste war ihr großes Vertrauen in die eigenen Fähigkeiten, gepaart mit der festen Überzeugung, dass sie für sich selbst und die eigene Familie sorgen konnten. Der Mensch aus der westlichen Zivilisation stand, auch wenn er in seinem Fachgebiet sehr fähig war, bei den Eskimos nicht gerade in hohem Ansehen, da er nicht in der Lage war, sich seine Nahrung selbst zu beschaffen oder sich im Territorium zurechtzufinden.
Die zweite Eigenschaft war, dass die Eskimos als Nomaden wenig Wert auf persönlichen Besitz legten. Ihre gesamte Habe fand auf einem Schlitten oder in einem Boot Platz. Eine Folge dieser Auffassung, die darauf beruhte, dass jedes Mitglied der Gruppe genau wusste, was wem gehörte, war ihre tiefe Ehrlichkeit. Die Eskimos waren auch nicht darauf bedacht, Besitz oder Kapital für die Zukunft anzuhäufen. Ebenso wenig wie an persönlicher Habe waren die Eskimos an Landbesitz interessiert. Der Wert des Landes gründete sich darauf, ob es einem bestimmten Zweck diente, z. B. der Jagd.
Die dritte große Eigenschaft, die die Eskimos auszeichnete, war die Solidarität innerhalb der Gruppe. Sie war ein Mittel, um in der rauen Natur zu überleben. Alle verfügbaren Nahrungsmittel wurden unter den Familienmitgliedern aufgeteilt. Dem Wohl der gesamten Gruppe wurden in Zeiten schwerer Not die neugeborenen Mädchen geopfert, die männlichen Neugeborenen wurden dagegen verschont, da aus ihnen einmal tüchtige Jäger werden konnten. Es war außerdem Brauch, die Familienmitglieder zu opfern, die zu alt waren um noch einen Beitrag für die Gruppe leisten zu können und somit eine Last für die Gemeinschaft darstellten. Man half den Alten dabei, ihrem Leben ein Ende zu setzen, d. h. man setzte sie der Kälte aus. Man muss darauf hinweisen, dass all dies nicht ohne große Leiden derer geschah, die an eine Familienatmosphäre voll Liebe und Zuneigung gewohnt und zu solch grausamen Taten gezwungen waren. Eine Folge, die sich aus der zweiten und dritten Eigenschaft ergab, war, dass die Eskimos ihren Lebenspartnern gegenüber keinerlei Besitzansprüche oder Gefühle der Eifersucht hegten. Der Männer- oder Frauentausch fand im gegenseitigen Einvernehmen statt, ohne dass man daran Anstoß nahm. Selbst ihren Kindern gegenüber, denen sie die größte Pflege angedeihen ließen und die sie sehr liebten, waren sie nicht übertrieben zugetan. Die Zahl der Adoptionen war ungewöhnlich hoch. Sie dienten dem Zweck, einen Ausgleich zu schaffen zwischen einer Familie, die zu viele Kinder hatte und einer anderen, deren

158 oben *Ein Jäger ist in der Melvillebucht im Nordwesten Grönlands mit seinen Hunden auf den Kamm eines Presseishügels gestiegen, um von dort besser nach Eisbären Ausschau halten zu können.*

158 unten *An der vereisten grönländischen Küste stillt ein Eskimo seinen Durst an einem Süßwassertümpel, den ein schmelzender Eisberg im Sommer hinterlassen hat.*

158-159 *Die Resolute Bay auf Cornwallis Island in der kanadischen Arktis. Der Jäger Simon Idlout, späht auf dem Packeis nach potentieller Beute.*

159 *Ein Jäger nähert sich auf dem Packeis auf allen Vieren einer Robbe. Er versteckt sich dabei hinter einem Holzrahmen, auf den ein weißes Tuch mit einem kleinen Loch in der Mitte gespannt wurde.*

Kinderwunsch unerfüllt geblieben war. Die Eskimofamilie war eine natürliche Gemeinschaft, frei von Egoismus und übermäßigen Autoritätsansprüchen. Jedes Mitglied trug ein bestimmtes Maß an Verantwortung, auch wenn es noch sehr jung war, und wurde respektiert, da sein Verhalten das Wohl der Gruppe wesentlich beeinflussen konnte.
Eine besonders wichtige Charaktereigenschaft der Eskimos war ihre extreme Zurückhaltung und Geduld im Umgang mit anderen Menschen. Ein Eskimo erteilt nie direkte Befehle. Statt knappe Anweisungen zu geben, wie z. B. „Anker lichten!", zieht er Umschreibungen vor: „Wäre es nicht angebracht, in See zu stechen?". Anstatt: „Schließ die Tür!", würde er sagen: „Spürt denn niemand, dass es zieht?"
Ein berühmter Ethnologe hat einmal geschrieben, dass, wenn es schon vom Schicksal vorherbestimmt ist, dass die westliche Zivilisation die Eskimokultur vom Angesicht der Erde tilgen wird, die Weißen vorher ein wenig jener grenzenlosen Liebenswürdigkeit erlernen sollten, die die Eskimos im Umgang miteinander walten lassen.
Die Eskimos gelangten über die Beringstraße nach Amerika. Sei es, dass zu dieser Zeit die Landenge zwischen Asien und Amerika noch existierte, die sich während der letzten Kälteperiode gebildet hatte und eine Senkung des Meeresspiegels um 125 m bewirkte, oder sei es, dass die Überquerung in Booten stattfand. Die ältesten Funde wurden im Bereich der Meerenge einschließlich von Saint Lawrence Island gemacht. Gegen Ende der Eiszeit, als der Meeresspiegel wieder seine ursprüngliche Höhe erreicht hatte, gelangten die großen Wale in das Nordpolarmeer. Die Gewässer des Beringmeers beherbergten auch zahlreiche Flossenfüßer, und im Hinterland lebten Karibus in Hülle und Fülle. Es ist sicher, dass an diesem Brückenkopf die erste Kultur entstand, die bereits bedeutende Kunstwerke hervorbrachte.
Mit der Zeit zerfiel diese Kultur in drei Stämme: Die Aleuten, die eine eigene Sprache besaßen, die Eskimos im südlichen Alaska und die Beringstraßen-Eskimos. Man weiß wenig über die Etappen, die diese Stämme auf ihrer Wanderung nach Osten, die sie bis nach Grönland führte, einlegten. Die amerikanische Arktis misst von der Beringstraße bis nach Grönland gut 9000 km, und da die Bauten dieser Völker

160 Ein Eskimo bahnt sich geschickt seinen Weg über die Packeisschollen vor Grise Fiord, einem Dorf an der Südküste von Ellesmere Island im Kanadisch-Arktischen Archipel. Er trägt die typische Kleidung eines Jägers – Hosen aus Eisbärenfell und wasserundurchlässige Stiefel aus Robbenfell.

160-161 *Zwei grönländische Jäger schleichen sich lautlos an eine Gruppe von Walrossen heran; diese beschränken sich darauf, die Jäger zu beobachten. Die erlegten Tiere werden nach der Entfernung ihrer wertvollen Eckzähne – zur Freude von Eisbären und Füchsen – an Ort und Stelle liegen gelassen.*

161 links *Der Atem ist diesem Eskimo, im Bart festgefroren, während er mit seinem Hundeschlitten unterwegs war. Heutzutage ziehen die jungen Inuit Motorschlitten vor, aber dieser Jäger ist der Meinung, dass eine Hundemeute mehr Selbständigkeit gibt und zuverlässiger ist. Außerdem finden die Hunde bei Nebel alleine den Weg nach Hause.*

161 rechts *Ein Eskimo schickt sich an, einem gerade getöteten Eisbären das Herz aus dem Leib zu reißen, um das daraus hervorquellende Blut zu trinken. Dieses Ritual ist ein Überbleibsel der animistischen Religion, die die Inuit jahrtausendelang praktiziert haben. Sie glaubten, dass sich im Herzen das Lebenszentrum eines jeden Geschöpfes befindet. Indem der Jäger das Herzblut trinkt, baut er eine Verwandschaft mit dem Opfer auf und beschwichtigt es, damit es ihm und seiner Familie nicht zürnt.*
Im Gegensatz zum Herzen und der Zunge ist die Leber des Eisbären giftig. Sie enthält eine für Menschen und Hunde tödliche Konzentration an Vitamin A.

aus Knochen, Holz und Tierhäuten bestanden, sind heute, Jahrtausende später, keine erkennbaren Spuren mehr von ihnen erhalten. Nur im Norton Sound fand man bedeutende Überreste, der so genannte „Denbigh Flint Complex", der aus Erzeugnissen der Alt- und der Mittelsteinzeit besteht.
Ein Zeitsprung von 5000 Jahren trennt diesen Fund von den Funden bei Kap Dorset an der Südspitze von Baffin Island. In dieser Kultur waren weder Pfeil und Bogen, noch der Schlitten mit Hundegespann, noch die Jagd auf große Wale bekannt. Daraus könnte man den Schluss ziehen, dass sich die Dorsetkultur von der des Beringmeers schon abgespalten hatte, als diese ihren Höhepunkt erreichte. Sie existierte noch in Ost-Kanada, als die höher entwickelte Thulekultur aus dem Norden Grönlands im gesamten arktischen Raum die Oberhand gewann und fast ein Jahrtausend lang bis heute dominierte. Diese kulturelle Verschmelzung, die aufgrund der dünnen Besiedlung der Arktis sehr erstaunlich ist, wurde von dem Forscher Rasmussen belegt, der nach seinen be-

162 oben *Nachdem diese Inuit aus Nordalaska an Bord ihres Umiak (Boot im Bildhintergrund) einen Wal gefangen haben, hieven sie das erlegte Tier auf das Packeis bei Barrow. Heute ist es nur noch den Inuit erlaubt, Wale zu jagen. Die Wale waren vom Aussterben bedroht, da sie bis vor wenigen Jahren massenweise abgeschlachtet wurden.*

162 unten *Ein männlicher Narwal ist vor der Küste von Baffin Island erlegt worden. Diese Walart ist wegen ihres langen, spiralförmigen Zahns, der auf dem Markt hohe Preise erzielt, besonders wertvoll. Die Haut dieser Tiere ist außerdem sehr reich an Vitamin C, und die Inuit essen sie stückchenweise und roh als Nahrungsergänzung.*

163 *Ein tschuktschischer Jäger aus Lorino im Nordosten Sibiriens zielt vom Walfangschiff aus mit seiner schweren Harpune auf einen ausgewachsenen Grauwal. Lorino liegt an der Beringstraße, und zwar genau an ihrer engsten Stelle, wo die Entfernung zu Alaska am geringsten ist.*

rühmten Expeditionen in den zwanziger Jahren feststellte, dass die Beringstraßen-Eskimos die grönländische Sprache verstanden. Die Eskimos von heute sind also die direkten Nachkommen der Thulemenschen.
Die wenigen Traditionen, die noch unter der Kruste der neu übernommenen westlichen Kultur existieren, haben nur deshalb überlebt, weil die altbewährte Lebensweise in diesen Menschen so stark verwurzelt ist, dass die Verlockungen einer anderen Zivilisation sie nicht vollständig zerstören konnten.
Dieses Volk hatte durch die Walfänger und Pelzhändler bereits zwei traumatisierende Begegnungen mit der westlichen Welt hinter sich. Der Kontakt mit den Neuankömmlingen hatte für die Eskimos eine ganze Reihe negativer Konsequenzen nach sich gezogen. Bisher unbekannte Krankheiten und Alkoholsucht hatten sich ausgebreitet, die Menschen wurden ausgebeutet, da sie zum Tausch für ihre wertvollen Pelze nur billigen Plunder erhielten. Trotzdem verlief das Leben in der amerikanischen Arktis und in Grönland noch nach den traditionellen Regeln. Es war voller Entbehrungen und Gefahren für die Bevölkerung, die in kleinen, weit auseinander liegenden Gemeinden lebte und bei Unglücksfällen oder medizinischen Notfällen völlig auf sich selbst gestellt war.
Der Zweite Weltkrieg brachte große Umwälzungen für den Norden. Überall wurden Wetterwarten, Flugplätze, Proviant- und Munitionslager errichtet. Viele Einheimische halfen dabei und erwiesen sich als nützliche Verbündete, da sie den Neuankömmlingen Problemlösungen anbieten konnten, die ihrer Erfahrung in diesen Breiten Rechnung trugen. Als der Krieg zu Ende ging, wurden viele der neuen Einrichtungen wieder aufgegeben, und der Schatten einer Wirtschaftskrise legte sich über jene Gemeinden, die angefangen hatten, sich einem anderen Lebensstil anzupassen.
Doch ein erneutes Wirtschaftswunder erschütterte die Arktis: Nachdem das Bündnis der Alliierten zerbrochen war, standen sich die Vereinigten Staaten und die Sowjetunion in einer neuen Art von Krieg gegenüber, bei dem sich beide Konfliktparteien gegenseitig bespitzelten, ohne anzugreifen. Von Grönland bis zur Beringstraße wurde die berühmte DEW Line *(Distant Early Warning)* errichtet, die mit leistungsstarken Radargeräten ausgestattet war und

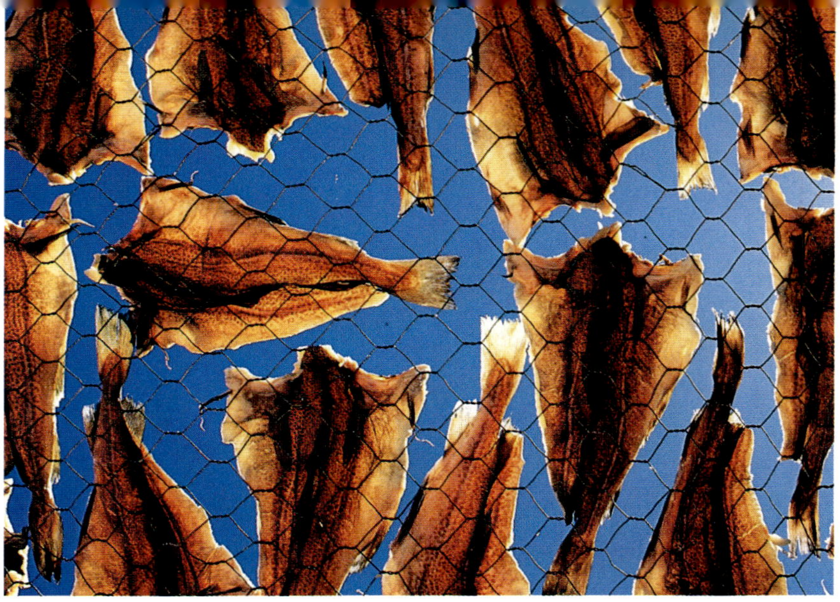

164 links *Diese Frau eines Jägers trägt zum Wohlergehen ihrer Familie bei, indem sie Wandersaiblinge* (Salvelinus alpinus) *ausnimmt und zum Trocknen an die Luft hängt.*

164 rechts *Auf der Insel Neufundland werden Dorsche* (Gadus morhua) *gesäubert, ausgenommen und zum Trocknen in die Sonne gelegt. Die norwegischen und neufundländischen Dorsche sind in der ganzen Welt bekannt.*

164-165 *Ein Jäger gleitet in seinem Kajak über die ruhige See vor der westgrönländischen Küste. Am Boot des Eskimos ist in Reichweite eine Harpune angebracht, hinter seinem Rücken hat er einen luftgefüllten Beutel aus Robbenfell verstaut, der über eine lange Leine mit der Harpune verbunden ist. Die Beute versucht mit der Harpune im Fleisch ins Meer abzutauchen, doch sie kann dem Jäger nicht entgehen, der sie dank des auf dem Wasser schwimmenden Ballons leicht ausfindig machen kann.*

165 *Auf dem Bild ist ein Sommerlager in den Nordwestgebieten zu sehen. Die Inuit haben Vorrichtungen für das Trocknen von Wandersaiblingen gebaut, die einen hervorragenden Nahrungsvorrat für den langen Winter darstellen.*

mehr als 600 Millionen Dollar kostete. Durch sie wurden auch Gegenden mit einbezogen, die der Zweite Weltkrieg unberührt gelassen hatte. Neue Häfen, Flughäfen, Straßennetze, Kraftwerke und Krankenhäuser wurden aus dem Boden gestampft. Etwa ein Drittel der eingeborenen Bevölkerung war an diesem Mammutwerk beteiligt, und viele von ihnen brachten es dabei auf einen Wochenlohn von über 100 Dollar. Als sich die Beziehungen zwischen Russland und dem Westen wieder besserten, wurde ein Großteil des Personals entlassen. Doch die Rückkehr zur alten Lebensweise war nun unmöglich geworden, da sich die Mentalität einer ganzen Generation gewandelt hatte. Die Regierungen, von denen die Eskimos abhängig waren, ließen auch die Zivilbevölkerung an den Errungenschaften des westlichen Fortschritts teilhaben. Sie bauten Schulen, Arztpraxen und Altersheime und erschlossen den Ureinwohnern neue Verdienstmöglichkeiten, indem sie sie ermutigten, eine neue Art von Kunsthandwerk nach traditionellen Motiven zu produzieren. Die Materialien waren Walrosselfenbein und Speckstein für die großen Skulpturen, aber auch Lederwaren und Lithographien wurden hergestellt. Die Ergebnisse dieser künstlerischen Tätigkeit haben alle Erwartungen übertroffen. Die Werke, fast immer Einzelstücke, sind bei den Touristen sehr beliebt, und die schönsten sind heute in den bedeutendsten Museen der Welt ausgestellt. Gleichzeitig förderten die Regierungen die Bildung größerer Ballungsgebiete, sodass die öffentlichen Einrichtungen allen Menschen zugute kommen konnten.

Wenn man Kleinstädte wie Yellowknife, Fairbanks oder Inuvik besichtigt, ist man überrascht angesichts der Modernität der Gebäude und Inneneinrichtungen, der vielen Läden und des reichhaltigen Warensortiments in den Supermärkten, der guten Arbeit der Mechanikerwerkstätten und der Qualität der medizinischen Versorgung. In den Schulen kommt auf drei Schüler ein Computer. Für die etwas abgelegeneren Gebiete gibt es Schulprogramme, die über Satellitenfernsehen ausgestrahlt werden. Die Fragen und Antworten der Lernenden werden durch einen Radiosender übermittelt.

Ein weiterer Wirtschaftszweig, dessen Entwicklung alle Prognosen bei weitem übertroffen hat, ist der Fremdenverkehr. Alaska genießt

hierbei aufgrund seiner Zugehörigkeit zu den Vereinigten Staaten eine privilegierte Stellung. Von Seattle über Anchorage oder Juneau ergießt sich eine Flut von Besuchern ins Land, von denen viele aus Asien oder Europa kommen. Der Touristenstrom erreicht vom Umfang her ein Zehntel des Tourismus in den Vereinigten Staaten. In Kanada sind die Reisen in hohe Breiten bisher wohlhabenderen Bürgern vorbehalten. Die Entfernungen sind so groß und die Orte liegen so weit auseinander, dass das einzige effektive Verkehrsmittel das Flugzeug ist. Schon jetzt gibt es Linienflüge in viele Städte des Nordens, unter anderem nach Resolute auf Cornwallis Island, das seinerseits ein wichtiger Ausgangspunkt für Flüge in noch nördlicher gelegene Zielorte ist.

Der Schlitten mit Hundegespann wird heute immer mehr von schnellen Motorschlitten verdrängt. Boote aus Holz oder Kunststoff sind an die Stelle von Kajak und Umiak getreten. Soli-

ULIMAUT

166 *Eine Frau vom Stamm der Karibu-Inuit am Baker Lake in den Nordwestgebieten stillt ihren Durst mit einem Stück Eis. Über ihrem Karibupelz trägt sie ein Kleid aus Stoff.*

166-167 *Zwei kleine Fischkutter sind bei Angmakssalik, Ostgrönland, vom winterlichen Packeis eingeschlossen. Sie sind rot angemalt, damit sie zu jeder Jahreszeit leichter gesichtet werden können.*

167 *Eine Frau vom Stamm der Karibu-Inuit stellt mit viel Geduld und Geschick aus dünnen Karibusehnen eine Angelschnur her.*

de Häuser in Fertigbauweise haben die klassischen Hütten aus Schnee oder Torf ersetzt. Seit der Bekehrung zum Christentum verblassen die Erinnerungen an die Schamanen und den animistischen Glauben immer mehr.
Zahlreiche Tiere sind selten geworden, wie z. B. die Karibus oder die Wale. Die Gewinne aus dem Pelzhandel stagnieren seit Jahren, weil weltweit gegen die Tötung wilder Tiere protestiert wird und weil die Russen riesige Pelztierfarmen errichtet haben, deren Produkte auf den Markt kommen. Inzwischen ist die Bevölkerung dank der Fortschritte im medizinischen Bereich überall, vor allem in Alaska, im Wachstum begriffen. Die Ablehnung der alten Lebensweise ist weniger freiwillig als vielmehr aus Notwendigkeit geschehen.
Die Eskimos haben ihre Intelligenz und ihr handwerkliches Können unter Beweis gestellt: Sie arbeiten heute als Facharbeiter, Tourismusfachleute, Begleiter bei Angel- und Jagdpartien, als erfahrene Handwerker oder als Angestellte bei Staat und Gemeinden. Ein so großes und reiches Land, in dem ständig neue Vorkommen an Bodenschätzen oder Energiequellen entdeckt werden, muss einfach eine würdige Stel-

168 oben *Pond Inlet liegt an der Nordspitze von Baffin Island im Kanadisch-Arktischen Archipel. Der Eclipse Sound trennt Baffin Island von Bylot Island.*

168 Mitte *Der Ort Igloolik liegt auf einer kleinen Insel vor der Küste der Halbinsel Melville im Distrikt Keewatin, Kanada. Hier hat eine Inuitfamilie ein Eisbärenfell zum Trocknen im Freien aufgehängt. Später wird das Fell dann auf einen Rahmen gespannt, um im Ganzen verkauft zu werden, oder es wird in Stücke geschnitten und zu Männerhosen und Stiefelsohlen verarbeitet. Auf dem Bild ist außerdem ein Robbenfell zu sehen, das bereits auf einen Rahmen gespannt worden ist.*

168 unten *Zwei Inuitfrauen vom Stamm der Igloolik spazieren durch die gleichnamige Ortschaft.*

168-169 *Igloolik hat 800 Einwohner und liegt auf einer kleinen Insel, die der Küste von Melville vorgelagert ist. Der Ort blickt auf das Foxe Basin am nördlichsten Punkt der Hudsonbai.*

lung für ein Volk finden, das mit seinen Charaktereigenschaften – Geduld, Zähigkeit und Ehrlichkeit – einen wertvollen Beitrag zur tiefgreifenden Veränderung, die im Norden im Gange ist, leistet.

Diese Worte mögen bitter erscheinen, wenn man an das alte durch Bücher und Dokumentarfilme vermittelte Bild der Eskimowelt denkt. Es gibt heute noch in Nordgrönland und bei Point Barrow in Alaska einige kleine Enklaven von Ureinwohnern, die mit traditionellen Methoden dem Walfang und der Robbenjagd nachgehen. Sie haben sich nicht vollkommen den neuen kollektiven Riten unterworfen und viele Traditionen erhalten.

Dank der dänischen Besiedlung, die auf die Zeit des Missionars Hans Egede zurückgeht, der 1721 damit begann, die ersten Ureinwohner zu taufen, ist in Grönland der Übergang von der ursprünglichen Lebensweise der Eskimos zur derzeitigen Ordnung nach dänischem Muster unendlich weniger traumatisch und schmerzhaft gewesen als der Anpassungsvorgang auf amerikanischem Boden. Schmucke, ordentliche Gebäude nach skandinavischem Vorbild sind an die Stelle der alten, gesundheitsschädlichen Behausungen getreten. Schon seit langer Zeit gibt es in jeder Kleinstadt Schulen, Arztpraxen, Krankenhäuser und Pflegeheime. Die noch bis in die vierziger Jahre hinein in kleinen Gruppen verstreut lebenden Menschen wurden dazu ermuntert, in größere Gemeinden zu ziehen, sodass die medizinische Versorgung und der Schulunterricht allen zu Gute kommen konnten. Die größten Ortschaften sind im Umkreis der Fischfabriken entstanden und gewachsen oder dort, wo Bodenschätze abgebaut werden. Im Süden der Insel sind sogar Schaf- und Rinderzucht erfolgreich eingeführt worden. Es hat nie Zeiten großen wirtschaftlichen Aufschwungs mit darauf folgender Rezession gegeben. Das kleine, emsige Dänemark hat durch seine geduldige Politik der kleinen Schritte eine Generation hervorgebracht, bei der die Integration zwischen Ureinwohnern und Dänen als vollkommen bezeichnet werden kann. Da der Integrationsprozess länger dauerte, hat er auch lange nicht so schwerwiegende Probleme verursacht wie im amerikanisch-kanadischen Raum.

In der russischen Arktis scheinen die in einem relativ kurzen Zeitraum von 80 Jahren erfolgten

169 *Vor dem Haus eines Jägers lehnen drei auf Rahmen gespannte Robbenfelle an der Wand. Der Motorschlitten, der in Amerika „Ski-Doo" genannt wird, hat die Schlittenhunde fast vollkommen verdrängt.*

170 *Ein Mann vom Volk der Rentier-Tschuktschen nach den Schlachtungen, die in seiner Herde einmal im Jahr durchgeführt werden. Bei dieser Gelegenheit werden alte, verletzte und kranke Tiere getötet. Der schneefreie Boden und das Aussehen der Geweihe, deren samtartige Haut bereits abgefallen ist, lassen darauf schließen, dass das Ereignis im August vor Beginn der Brunftzeit stattgefunden hat.*

170-171 *Eine Rentierherde wird in ein großes Gehege getrieben. Ein Jakute sitzt auf einem kräftigen Exemplar und sucht einzelne Tiere aus. Die Wanderungen der Rentiere in den eurasischen Gebieten nehmen nie solche Ausmaße an wie die der in freier Wildbahn lebenden kanadischen Karibus.*

171 links *Die Viehwirtschaft Jakutiens ist bis heute eng mit der Rentierzucht verbunden. Auf dem Bild ist ein Rentierzüchter inmitten eines Geheges zu sehen, in das die Tiere zu Zähl- und Kennzeichnungszwecken getrieben worden sind. Anders als in Kanada, wo die wild lebenden Karibuherden im Frühjahr und im Herbst lange Wanderungen unternehmen, müssen sich die Rentiere in Asien oft damit begnügen, auf Weiden in der Nähe des Hirtenhauses zu leben.*

171 rechts *Eine Jakutin sucht einige robuste männliche Rentiere aus, um sie als Reit- oder Lasttiere einzusetzen. Diese Rentiere werden dann kastriert und einer langen Ausbildung unterzogen, bevor sie in der Lage sind, den Befehlen des Menschen zu gehorchen. Die Jakuten benutzen selten Lastschlitten, da sie im Winter sesshaft leben.*

großen historischen Veränderungen keinen erkennbaren Einfluss auf die traditionelle Lebensweise der Völker Nordsibiriens genommen zu haben. Nenzen, Samojeden, Jakuten, Ewenen, Jukagiren und Tschuktschen leben noch immer von der Viehzucht und besitzen zusammen mindestens vier Millionen Rentiere.

Mit dem Anbruch der kommunistischen Ära wurden die Aktivitäten der sibirischen Völker sehr bald in den allgemeinen Sowjetisierungsprozess eingegliedert, doch ein paar Gemeinschaften behielten ihre großen Herden. Im Gegensatz zu den Gebieten westlich des Urals, wo die Klasse der Kulaken (Großbauern) ausgerottet wurde, ging in Sibirien der Wechsel von einem Regime zum nächsten in der Regel unblutig vonstatten. Während die kommunistischen Machthaber bei der Erschließung der Reichtümer Sibiriens weder Kosten noch Mühen scheuten und Heerscharen von Fachleuten und Arbeitern aus dem Westen dorthin entsandten, konnten die dort lebenden Völker relativ ungestört ihren Beschäftigungen nachgehen. Die einzige große Bahnlinie, die Transsibirische Eisenbahn, die Moskau mit dem Pazifik verbindet, verläuft viel weiter südlich; die

Zivilisation machte spätestens einige hundert Kilometer außerhalb der an der Bahnlinie liegenden Städte halt. Die Flüsse waren dagegen wichtige Handelswege. Im Gegensatz zu Nordkanada, das nur den Mackenzie zu bieten hat, gibt es in Sibirien sehr viele schiffbare Ströme, die vom Landesinneren in Richtung Meer fließen. Der Warenverkehr auf den Wasserwegen erreichte schon in den sechziger Jahren eine Million Tonnen und dürfte sich inzwischen verdoppelt haben. Natürlich sind auch die sibirischen Flüsse nur zu einer bestimmten Jahreszeit und nur etwa drei bis vier Monate lang schiffbar. Alle Städte, die sich im Lauf dieses Jahrhunderts beträchtlich entwickelt haben, liegen in den Mündungsgebieten der wichtigen Ströme oder nur wenig davon entfernt: Salechard im Obdelta, Dudinka, Norilsk und Dickson an der Mündung des Jenissej, Nordwik an der des Chatanga und Tiksi an der des Stromes Lena.

Anadyr' liegt dagegen an der Pazifikküste im Mündungsgebiet des gleichnamigen Flusses. In allen genannten Städten besteht die Bevölkerung zu 50 % aus Russen, die restlichen 50 % sind Ureinwohner, Angehörige der verschiedenen nordsibirischen Völker. Die Städte mit ein paar tausend Einwohnern tragen den Stempel der sowjetischen zentralisierten Stadtplanung, die große, lang gezogene, zwei- bis dreistöckige, kasernengleiche und beklemmend eintönige Gebäude vorsah. In den kleineren Ortschaften sind dagegen immer noch Jaranden und Jurten in Gebrauch, traditionelle Rundhütten, die aus einem ausgefeilten Gerüst aus biegsamen, ineinander verflochtenen Ästen bestehen und mit zusammengenähten und übereinander gelegten Rentierfellen bedeckt sind. Diese Behausung wird dem Nomadenleben der Rentierzüchter gerecht, die, obwohl sie ein festes Holzhaus im Waldgürtel besitzen, auch ein mobiles „Reisehaus“ benötigen. Der große Viehbestand stellt einen unersetzbaren Wert dar, da er viele Völker vor Ort und ohne allzu kostspielige Transporte mit allem Notwendigen versorgt. Die Wanderungen der großen Herden werden heute mit Hubschraubern und kleinen Flugzeugen überwacht. Außerdem ist ein effizienter tierärztlicher Dienst eingeführt worden. Neben der Rentierhaltung ist auch die Zucht von Polarfüchsen und Nerzen verbreitet, vor allem auf der Tschuktschenhalbinsel, wo das Futter fast

172 oben links *Die Chanten und Mansen sind Volksstämme, die am Ostrand des Uralgebirges beheimatet sind. Die Chanten sind zahlreicher und leben als Halbnomaden. Die Mansen sind wenig mehr als tausend. Da sie ein Nomadenleben führen, sind sie statistisch schwer zu erfassen. Beide Gruppen sind eng miteinander verbunden und bewohnen dasselbe Gebiet. Außerdem haben sie einen ähnlichen Lebensstil, weshalb es nicht leicht ist, sie voneinander zu unterscheiden. Ein wesentlicher Bestandteil ihrer Wirtschaft ist die Rentierzucht. Auf dem Bild ist ein Kind zu sehen, das auf einer Schlittenkufe sitzt und darauf wartet, dass das Zelt fertig aufgebaut wird.*

172 unten links *Das Zelt ist aufgebaut. Der Rauch strömt nicht frei aus einem Loch im Zelt, sondern wird durch ein Rohr nach draußen geleitet.*

172 rechts *Katja, eine junge Frau von 20 Jahren, schickt sich in ihrem hellroten Kleid an, das Gepäck vom Schlitten zu laden.*

173 *Im Inneren einer festen Behausung. Die Gesichtszüge der Frau sind ausgesprochen mongolisch. Ihr Kleid erinnert an die Tracht der Tungusen, ein Volk, das tausende von Kilometern entfernt lebt.*

174 oben *Ein junger Mann aus Uelen, einem Ort an der Nordküste der Tschuktschenhalbinsel, nicht weit von der Beringstraße entfernt. Viele Amerikaner kommen mit ihren Schlitten und Hundemeuten hierher. Hundeschlittenrennen sind in Alaska sehr beliebt und haben nun auch auf der Tschuktschenhalbinsel ihre Anhänger gefunden.*

175 links *Einige tschuktschische Frauen zerlegen einen Grauwal. Da die großen Wale in der Vergangenheit rücksichtslos abgeschlachtet wurden, leben heute in der Arktis nur noch wenige Arten.*

175 rechts *Die Walfänger aus Lorino haben einen Narwal erbeutet und verspeisen nach dem Abschneiden der Schwanzflosse die rohe Haut des Tieres, die viel Vitamin C enthält. Vor allem die jungen Leute werden aufgefordert, davon zu essen.*

174 unten *Ein alter Tschuktsche raucht seine Zigarette in einem handgeschnitzten Mundstück. Die Tschuktschen sind geschickte Kunsthandwerker und stellen aus den Eckzähnen von Walrossen kleine Gegenstände her von denen ein Großteil nach Alaska verkauft wird.*

174-175 *Ein Jäger aus Lorino hat an der Längsseite seines Bootes einige Walrosse festgemacht. Nur ihre Eckzähne, die Haut und die Speckschicht werden verwertet. Auf der Tschuktschenhalbinsel gibt es besonders viele Walrosse.*

26

immer aus dem Meer stammt. In letzter Zeit hat das Kunsthandwerk der Tschuktschen den gegenüberliegenden Küstenstreifen Alaskas erobert. Dieses Volk nimmt langsam, auch bedingt durch die lukrativen Handelsbeziehungen zu Amerika, andere Charakteristika an als die übrigen Völker der Arktis. Man muss, ohne die harsche Kritik zu verleugnen, die man gegen das alte System vorbringen kann, auch daran erinnern, dass die UdSSR der einzige Staat war, der die unterschiedlichen Kulturgemeinschaften in Form von unabhängigen Republiken anerkannte, deren Vertreter im Moskauer Parlament sitzen und auch das Stimmrecht haben. In Alaska und in Kanada dagegen wurden weder die Eskimos noch die Indianer als Kulturgemeinschaften akzeptiert. Erst in den letzten Jahren wurde den einzelnen Gruppen ein bestimmter Anteil vom Gewinn aus dem Abbau von Bodenschätzen und der Erschließung von Energiequellen genehmigt.
Grönland hat vor kurzem die offizielle Unabhängigkeit mit Selbstregierung erlangt. Doch in diesem Fall haben sich die Eskimos, besser gesagt die Grönländer, über eine lange Zeit mit den Dänen vermischt und unter anderem einen Großteil ihrer ursprünglichen mongolischen Merkmale verloren. Die dänische Kolonisation dauerte jedenfalls so lange, dass starke kulturelle und wirtschaftliche Bindungen zum Mutterland weiterhin bestehen – die Amtssprache ist beispielsweise Dänisch. Während es – dank der nicht unbeträchtlichen Entschädigungszahlungen der Amerikaner – keinerlei Schwierigkeiten bezüglich der Erhaltung der amerikanischen Militärbasis bei Thule gibt, sind die Beziehungen zur EWU seit der Unabhängigkeit des Landes von einem ernsten Problem überschattet: Solange die große Insel zu Dänemark gehörte, waren ihre Gewässer allen Ländern der Wirtschaftsgemeinschaft frei zugänglich. Jetzt haben sie dieses Recht nicht mehr. Gleichzeitig werden die Gewässer vor der grönländischen Küste aufgrund des kontinuierlichen Temperaturanstiegs immer fischreicher. Dieses Problem liegt der EWU sehr am Herzen und man versucht, mit Dänemark als Vermittler und einigen für Grönland sehr einträglichen Zugeständnissen, die Streitigkeiten zu schlichten, um zu verhindern, dass grönländische Fischer die Netze der Boote anderer Nationalitäten durchschneiden.

176 und 176-177 *Einige Jakuten nehmen in ihren bunten Trachten an einem Dorffest teil. Die Bilder entstanden im subarktischen Teil Sibiriens, wo die niedrigsten Wintertemperaturen ganz Asiens gemessen werden. Unter den Festteilnehmern sind auch viele Russen, die nach Sibirien gezogen sind, 5000 km vom europäischen Teil Russlands entfernt, um im Bergbau und in der Industrie zu arbeiten.*

177 links *Ein weibliches und ein männliches Rentier werden geschmückt, um später im Verlauf einer jakutischen Versöhnungszeremonie, dem Turumfest, als Opfer dargebracht zu werden.*

177 rechts *Gesichtszüge und Kleidung dieser jakutischen Frauen weisen auf ihre mongolische Abstammung hin.*

178 oben *Ein plötzlich aus dem Wasser auftauchender Buckelwal* (Megaptera novaeangliae) *hat Möwen aufgescheucht, die gerade dabei waren, Krill (in dichten Schwärmen auftretende Kleinstkrebse) von der Wasseroberfläche zu picken.*

178 unten *Einige Buckelwale tauchen synchron aus dem Wasser. Diese Wale, die zu den wenigen Arten zählen, die man noch in der Arktis antreffen kann, sind gesellige Tiere und vollführen voll Hingabe Sprünge und andere Kunststücke, die nur ihrem eigenen Vergnügen zu dienen scheinen.*

LEBEN ÜBER UND UNTER DEM EIS

178-179 *Charakteristisch für den Buckelwal sind die riesigen Bauchflossen und die Beulen um das Maul herum, in denen sich zahlreiche Parasiten einnisten. Er fällt leichter als andere Wale den Schwertwalen zum Opfer, die ihn in Gruppen angreifen und nach seinen langen Flossen schnappen, die für sie ein leichtes Ziel sind.*

179 links *Der Pottwal* (Physeter catodon) *dessen Schwanzflosse hier zu sehen ist, gehört zu den Zahnwalen. Nur der Unterkiefer ist mit Zähnen bewehrt, doch er ist gut dazu geeignet, Tintenfische und Riesenkalmare zu fangen, die dieser Wal in großer Tiefe erbeutet.*

179 rechts *Buckelwale können akrobatische Sprünge vollführen, wie dieses Exemplar hier zeigt. Diese Wale sind viel langsamere Schwimmer als die anderen Arten, weshalb sie auch leichter zu jagen sind.*

Die Pflanzen und Tiere der Arktis bilden Verbände, die voneinander abhängig sind: Am wichtigsten ist das Plankton, das sich aus einzelligen pflanzlichen Organismen (Phytoplankton) und winzigen, vom Phytoplankton lebenden Krebstieren (Zooplankton) zusammensetzt. Das Plankton steigt im Sommer in die oberen Meeresschichten auf. Von ihm hängt das Leben aller anderen Meeresbewohner ab. Es dient sowohl den Riesen der Meere als Lebensgrundlage, z. B. den Bartenwalen, die sich direkt davon ernähren, als auch dem größten Fleischfresser der Erde, dem Eisbären, der am Ende einer langen Nahrungskette steht.
Das Phytoplankton treibt mit den Meeresströmungen, es wächst, vermehrt sich und bildet Nährstoffe mit Hilfe von Sonnenlicht und Photosynthese. Im Mai und im Juni, den beiden sonnigsten Monaten, werden die Pflanzeneinzeller zu raschem Wachstum stimuliert. Das Zooplankton nutzt diese Fülle, um seinerseits zu wachsen und sich zu vermehren, und bildet in der Arktis imposante Bänke von bis zu mehreren Quadratkilometern Oberfläche im Schlepptau des Phytoplanktons.
Die polaren Gewässer sind nicht sehr nährsalzreich, doch sie enthalten Sauerstoff. Wenn der Atlantik und der Pazifik mit dem Nordpolarmeer zusammentreffen, entstehen ideale Voraussetzungen für die Entwicklung des Planktons. Die Folge ist eine Explosion von Leben auf allen Stufen. Pfeilwürmer, an der Wasseroberfläche lebende Krebse sowie unzählige Fische – vor allem Hering *(Clipea)* und Lodde *(Mallotus villosus)* – schwimmen in riesigen Schwärmen hinter dem Plankton her. Sie locken andere Fische wie Makrelen und Dorsche, aber auch Vögel, Robben und Zahnwale an. Der Mensch seinerseits fängt Fische, Säugetiere und Vögel in großen Mengen.
Ein wichtiges Phänomen ist der in den letzten 50 Jahren im nördlichen Atlantikbecken eingetretene leichte Temperaturanstieg um 2 °C, der direkte Folgen für den Wasseraustausch zwischen Atlantik und Polarmeer zeitigte und unmittelbare Auswirkungen auf viele Meeresbewohner und Vögel hatte. Davon profitierten vor allem Grönland und Island, wo immer mehr Dorsche, Heilbutte und Merlane ins Netz gingen. Ähnlich verhält es sich mit dem Riesenhai *(Cetorhinus maximus)*, der bis zu 5 m lang werden kann und heute alltäglich zwischen

180 links *Ein Schwertwal* (Orcinus orca) *taucht vor der Küste Alaskas aus den Fluten und zeigt dabei seine mächtige Rückenflosse, die viel größer ausfällt als bei anderen Walen. Sie ähnelt der Rückenflosse der Haie, deren Skelett allerdings aus Knorpel besteht.*

180 rechts *Landschaft an der Küste Nord-Norwegens. Nur ein Detail wirkt störend in dieser Idylle: Die Flosse, die hier aus dem ruhigen Meer ragt, verrät die Anwesenheit eines Schwertwales, des aggressivsten Meeressäugers der Welt. Dieser Wal ist sehr weit verbreitet, er kommt in allen Meeren der Süd- und der Nordhalbkugel vor.*

180-181 *Einige Schwertwale blasen beim Auftauchen Luft aus ihrem Atemloch auf dem Schädeldach. Die Schwertwale sind in allen Weltmeeren vertreten, doch sie meiden lange Aufenthalte in kalten oder mit Packeis bedeckten Gewässern.*

181 oben *Wie die Delphine und einige große Wale vollführt der Schwertwal spektakuläre Sprünge für die sich keine andere Erklärung findet als pure Lebenslust. In Gefangenschaft erweist er sich Menschen gegenüber als vollkommen harmlos und gehorcht zahm allen seinen Befehlen.*

181 unten *Schwertwale leben in Gruppen und erzielen dadurch große Erfolge bei der Jagd, da die Fluchtmöglichkeiten der Beute, z. B. Pinguine, Ohrenrobben, Delphine oder andere Wale, angesichts der Übermacht des Feindes eingeschränkt sind. Schwertwale greifen keine Haie an und werden ihrerseits auch nicht von Haien angegriffen.*

Grönland und Spitzbergen erbeutet wird.
Doch die beeindruckendsten Tiere sind die Wale. Sie sind ehemalige Landbewohner, die im Lauf von vielen Millionen Jahren zu Meeresbewohnern wurden und eine vollkommene Stromlinienform sowie gewaltige Fettschichten unter der Haut entwickelten. Einige von ihnen zählen zu den größten Säugetieren der Erde, und trotz der gnadenlosen Bejagung durch den Menschen während der letzten drei Jahrhunderte – man vermutet, dass über zwei Millionen Exemplare getötet wurden – haben einige von ihnen überlebt und können mit etwas Glück beobachtet werden.

Diese Klasse von Säugetieren gliedert sich in zwei Familien, die in der Arktis stark vertreten sind: Die Bartenwale oder Echten Wale und die Zahnwale. Erstere sind Giganten, die bis zu 30 m lang werden können. Sie sind mit Barten ausgestattet, mit denen sie das reichlich vorhandene Plankton aus dem Wasser filtern. Die Barten sind am Gaumen festgewachsen und funktionieren wie große, sehr dichte und biegsame Kämme, die selbst kleinste feste Bestandteile zurückbehalten können.

Die Zahnwale, zu denen die beliebten Delphine und die Schweinswale zählen, sind im Allgemeinen kleiner. Die einzige Ausnahme stellt der Pottwal *(Physeter catodon)* dar, der bis zu 20 m lang werden kann. Auch Schwertwale *(Orcinus orca)* können es bisweilen auf stattliche 10 m bringen. Sie gehören zur Familie der Delphine, haben einen weiß und schwarz gefleckten Körper sowie ein Respekt einflößendes Gebiss. Sie leben in Gruppen und greifen in Verbänden von zehn bis 20 Tieren jegliche Beute an: Finnwale, Buckelwale, Robben, Ohrenrobben und sogar Delphine.

In der Arktis leben aber noch weitere bemerkenswerte Wale wie der Beluga oder Weißwal *(Delphinapterus leucas)* und der Narwal *(Monodon monoceras)*, die beide bis zu 5 m lang werden können. Die männlichen Narwale tragen einen langen, spiralförmigen Rammsporn, der sich aus dem abnorm groß gewordenen oberen linken Schneidezahn entwickelt hat. Einige Eigenschaften machen den Narwal besonders interessant: Er ist der einzige Wal, der das ganze Jahr über in arktischen Gewässern lebt. Da er viele Monate im Jahr im Dunkeln leben muss, sieht er schlecht, kann sich aber mit Hilfe seines Sonarsystems perfekt ori-

entieren. Seine Haut ist besonders reich an Vitamin C, und die Eskimos an der Küste haben sich dieser Quelle schon immer bedient.

Es gibt zwei Treffpunkte, an denen sich die Narwale im Spätfrühling versammeln: ein Fjord in der Nähe von Thule, Grönland, und der Lancaster Sound – eine Tatsache, die der dort ansässigen Bevölkerung die (eingeschränkte) Jagd auf diese Tiere erleichtert.

Der Pottwal ist der Tieftauchspezialist unter den Walen. Er kann bis in Tiefen von über 400 m vordringen. Auf dem schmalen Unterkiefer sitzen riesige Zähne (der Oberkiefer ist zahnlos), mit denen er glitschige Tintenfische und Riesenkalmare fängt. Der gewaltige Kopf dieses Wals enthält eine große Menge hellen, geruchlosen Öls. Außerdem findet sich in seinem Körper eine leichte Substanz, die als Ambra bezeichnet wird. Beide Stoffe waren lange Zeit wertvoll für die Industrie.

Zu den Bartenwalen gehören: Der Seiwal *(Balaenoptera borealis)*, der bis zu 18 m lang wird; der Zwergwal *(Balaenoptera acutorostrata)*, der fast 9 m lang wird und charakteristische

182 oben *Auf dem Bild ist eine außergewöhnliche Konzentration von Belugas oder Weißwalen* (Delphinapterus leucas) *im Mündungsgebiet des Cunningham auf Baffin Island zu sehen. Dieser Zahnwal erinnert in seiner Form an den Grindwal* (Globicephala melaena).

182 Mitte *Drei männliche Narwale* (Monodon monoceras) *schwimmen in einer Wasserstraße, die sich im Packeis nahe Baffin Island im Kanadisch-Arktischen Archipel aufgetan hat.*

182 unten *Ein Beluga tummelt sich im Meer vor der Küste von Somerset Island. Dieser Wal kann eine Größe von bis zu 5 m erreichen und wird damit genauso lang wie der Narwal, in dessen Nähe er sich gern aufhält.*

182-183 *Der Beluga ist für die Küstenbevölkerung der Arktis eine begehrte Beute und wird wegen seines hohen Gehalts an Fett gejagt. Er ist heute einer der am häufigsten vorkommenden Wale, da er aufgrund seiner relativ geringen Größe der Zerstörungswut der Hochseewalfänger entgangen ist.*

weiße Flossen besitzt; der 14 bis 15 m lange Grauwal *(Eschrichtius gibbosus)*; der Buckelwal *(Megaptera novaeangliae)* der bis zu 15 m lang wird und durch seine langen Flossen und den auffällig weißen Bauch hervorsticht; der Grönlandwal *(Balaena mysticetus)*, der über 18 m lang wird und dessen überdimensionaler Kopf ein Drittel der Körpergröße ausmacht. All diese Wale überwintern in packeisfreien Meeren und finden sich im Spätfrühling in nördlicheren Gewässern ein, wo sie reichlich Nahrung finden. Obwohl sie nicht so viele und unterschiedliche Laute wie die Zahnwale erzeugen, beherrschen diese Wale, vor allem der Buckelwal, ein umfangreiches Repertoire an Tönen, die mit dem Hydrophon hörbar gemacht werden können. An den „Walgesängen" lassen sich die Mitglieder einer Gruppe erkennen oder Jagdsignale heraushören, wenn bestimmte Wale eine Reihe von Tönen und Luftbläschen von sich geben, um Plankton und kleine Fische dorthin zu treiben, wo sie am leichtesten zu fangen sind.
Alle Wale paaren sich im Meer und bringen dort ihre Junge zur Welt.
Die Robben sind eine weitere Klasse von Säugetieren, die in der Arktis zahlreich vertreten ist. Wie die Wale sind die Robben Fleischfresser, die sich an das Leben im Wasser angepasst haben. Sie pflanzen sich jedoch auf dem Eis und am Meeresufer fort, wo sie sich paaren und ihre Jungen gebären. Die Robben spalten sich in zwei Überfamilien auf: Ohrenrobbenartige *(Otarioidea)* mit den Familien Ohrenrobben *(Otariidae)* und Walrosse *(Odobenidae)* und Hundsrobbenartige *(Phocoidae)* mit der Familie Hundsrobbenartige, die sich in vier Unterfamilien (Mönchsrobben, Rüsselrobben, Seehunde und Südrobben) aufteilen lässt.
Das Walross *(Odobenus rosmarus)* hat einen mächtigen und plumpen Körper (das Männchen kann über 1,5 Tonnen wiegen), eine dicke runzelige Haut, zwei lange Eckzähne, einen borstigen Schnurrbart, kleine Äuglein und kleine, mit starken Krallen bewehrte Flossen. Während es an Land unbeholfen wirkt, werden seine Bewegungen im Wasser majestätisch und elegant, seine Ausdauer beim Schwimmen ist außergewöhnlich. Es ist noch umstritten, zu welchem Zweck das Walross seine beiden Eckzähne benutzt: Manche Forscher gehen davon aus, dass sie dazu dienen, Muscheln vom Meeresgrund zu lösen. Andere sind der Meinung, dass das Walross damit Ritzen im Packeis vergrößert, um atmen zu

183 *Einige Belugas beim Tauchen im Lancaster Sound, in dem sich im Spätfrühling Belugas und Narwale versammeln.*

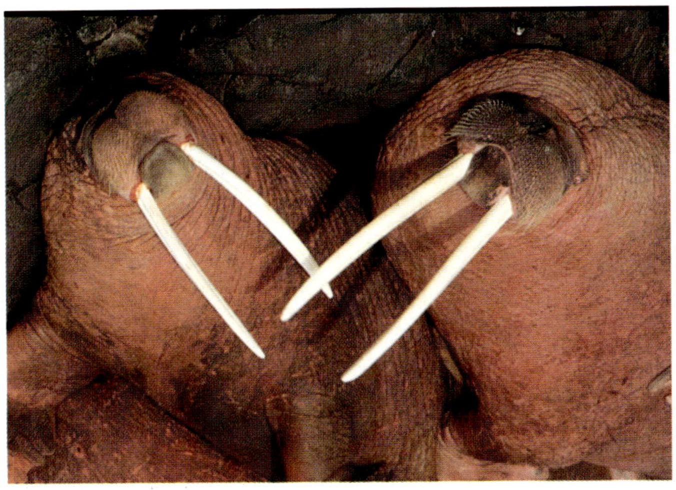

184 links *Das Walross* (Odobenus rosmarus) *sticht außer durch seinen massigen, plumpen Körper, der bei den Männchen bis zu 1,5 Tonnen schwer werden kann, auch durch seinen dichten Schnurrbart und die langen Eckzähne hervor, die denen eines jungen Elefanten ähneln.*

184 rechts *Während das Walross an Land seinen gewichtigen Körper mit Mühe dahinschleppt, sind seine Bewegungen im Wasser kraftvoll und elegant. Es ist in der gesamten Arktis verbreitet und wird von der Küstenbevölkerung hauptsächlich wegen seiner wertvollen Eckzähne gejagt.*

können. Die Walrosse versammeln sich oft zu Hunderten am Strand, um sich zu sonnen, wobei sie sich durch die Sonneneinstrahlung rötlich verfärben. Sie verfügen über einen starken Gemeinschaftssinn und setzen ihre eigene Sicherheit aufs Spiel, um einem Artgenossen zu helfen.
Die besonderen Merkmale der Ohrenrobben sind die kleinen Ohrmuscheln und die in einem Sack außerhalb des Körpers liegenden Hoden. Im Gegensatz dazu fehlen bei Walrossen und anderen Robben die Ohrmuscheln, und ihre Hoden befinden sich im Unterleib.
Zu den Ohrenrobben zählen die Seelöwen und die Seebären. Die Seelöwen haben einen runden Kopf, eine abgestumpfte Schnauze und ein dichtes Fell ohne Unterwolle. Die Männchen werden über 3 m lang, bei einem Gewicht von einer Tonne. Die Weibchen erreichen nur etwa ein Viertel des Gewichts der Männchen.
Die Seebären haben einen eleganteren Kopf, eine spitzere Schnauze und ein Haarkleid mit einer dichten und weichen Unterwolle. In dieser Familie erreichen die Männchen eine Länge von 2 m und ein Gewicht von 200 bis 300 kg. Die Weibchen werden 50 bis 60 kg schwer. Der große Dimorphismus zwischen den Geschlechtern ist bei allen Robben und bei anderen Tieren zu finden, die in Harems leben, in denen ein Männchen versucht, mehrere Weibchen und deren Junge zu halten.
Da die Ohrenrobben, anders als Walrosse und andere Robben, keine schützende Fettschicht haben, meiden sie Gewässer, die sich mit Packeis überziehen könnten. Nur die Männchen wagen sich nach der Paarungszeit bis zur Beringstraße hinauf. Sie wurden bis zum Anfang dieses Jahrhunderts rücksichtslos gejagt und waren vom Aussterben bedroht. Nun sind sie geschützt, und ihr Bestand nimmt wieder zu.
Die neun Robbenarten der Arktis haben unterschiedliche Verbreitungsgebiete. Drei von ihnen können im engeren Sinne als „arktisch" angesehen werden, da sie das ganze Jahr über in eisbedeckten Gewässern leben. Sie werden hier als Erste erwähnt.
Der Largha-Seehund *(Phoca largha)* ist in der Tschuktschensee beheimatet und niemals südlich der Beringstraße anzutreffen.
Die Eismeer-Ringelrobbe *(Pusa hispida)* lebt in den Gewässern um Grönland und ist bis nach Spitzbergen verbreitet. Sie ist die Hauptbeute des Eisbären.

184-185 *Zwei männliche Walrosse auf dem kanadischen Packeis. Es steht noch nicht endgültig fest, wozu die Walrosse ihre langen Eckzähne benötigen. Eine Hypothese besagt, dass diese robusten Fortsätze dazu dienen, Mollusken und andere Wirbellose vom Meeresgrund aufzuwühlen.*

185 *Eine große Walrosskolonie an einem Strand an der Küste Alaskas. Diese Versammlungen von hunderten von Exemplaren sind sowohl in Alaska als auch auf der Tschuktschenhalbinsel nichts Ungewöhnliches.*
Der Geruch, den eine solche Kolonie ausströmt, ist äußerst unangenehm und kilometerweit wahrnehmbar.

186 Die Bartrobbe (Erignathus barbatus), *eine der größten Robben, erreicht eine Länge von über 3 m und ein Gewicht von bis zu 410 kg. Ihr Fell ist borstig mit rotbraunen Reflexen. Mit ihren dicht wachsenden Barthaaren spürt sie auf dem Meeresgrund ihr Futter auf.*

186-187 Zwei Walrosse schwimmen im eiskalten Meer vor Southampton Island, Ost-Kanada. Diese Flossenfüßer verfärben sich in kalter Umgebung grau; wenn sie sich dagegen an einer Felsküste sonnen, nimmt ihre Haut eine helle, rosige Farbe an.

Die Bartrobbe *(Erignathus barbatus)* erreicht eine Größe bis zu 3 m und hat einen dichten Schnurrbart. Sie ist in Grönland und im Kanadisch-Arktischen Archipel zu Hause.
Der Seehund *(Phoca vitulina)* hat ein großes Verbreitungsgebiet, das von der norwegischen bis zur amerikanischen Küste reicht.
Die Sattelrobbe *(Pagophilus groenlandicus)* ist von der Hudsonbai bis Nowaja Semlja verbreitet. Wegen des schneeweißen, wertvollen Fells der Neugeborenen stellte man dieser Robbenart rücksichtslos nach. Erst in jüngster Zeit wurde sie unter Naturschutz gestellt.
Das Fell der Bandrobbe *(Histriophoca fasciata)* weist weiße und dunkelbraune Ringe auf. Sie lebt in Treibeisgebieten im nördlichen Teil des Beringmeers und im Ochotskischen Meer.
Die Kegelrobbe *(Halichoerus grypus)* ist zwischen Island und Neufundland zu Hause.
Die Klappmütze *(Cystophora cristata)* ist größer als die anderen Robben. Die Männchen sind an dem charakteristischen Wulst auf ihrem Kopf zu erkennen, den sie im Erregungszustand geräuschvoll aufblähen können.
Der Nördliche See-Elefant *(Mirounga angustrirostris)* kommt im Nordpazifik, wo er bis zur Beringstraße vordringt, relativ häufig vor. Seinen Namen verdankt er dem langen Höcker auf seiner Nase, den er, ähnlich wie die Klappmütze, mit Luft füllen und beim Brüllen als Resonanzboden benutzen kann.
Es gibt nur wenige Tierarten, die das ganze Jahr über in der Arktis leben. Dabei handelt es sich um Familien, die eigentlich aus südlicheren Regionen stammen und die bestimmte Schutzmechanismen gegen die Kälte entwickelt haben, sodass sie selbst unter den ungünstigsten klimatischen Bedingungen überleben können. Abgesehen von 13 Landsäugetieren, drei Robben-, einer Wal- und vier Vogelarten sind alle anderen Tiere „Wanderer".
Der Eisbär *(Ursus maritimus)* ist das größte auf dem Land lebende Raubtier. Sein dichtes, öliges Fell, das bei der Geburt schneeweiß ist und später eine gelbliche Farbe annimmt, sowie dicke Fettpolster unter der Haut schützen ihn vor der Kälte. Diese Fettreserven erlauben es ihm, Hungerperioden von bis zu drei oder vier Monaten zu überstehen. Sogar die Unterseiten seiner Tatzen sind mit Fell bedeckt, was ihn nicht nur warm hält, sondern es ihm auch ermöglicht, sich auf glatten Eisflächen sicher fortzubewegen. Der Eisbär hält keinen Winterschlaf, sondern ist das ganze Jahr über ein unermüdlicher Wanderer und Schwimmer – einmal wurde ein Eisbär, den Wissenschaftler mit einer speziellen Kennzeichnung versehen hatten, im Jahr darauf 3300 km von der ersten Fundstelle entfernt gesehen.
Eisbären sind Einzelgänger, nur das Weibchen lebt zwei Jahre lang mit ihren Jungen, bringt ihnen das Jagen bei und verteidigt sie vor den ausgewachsenen Männchen. Die Kraft dieses Sohlengängers ist unglaublich: Er kann eine Robbe mit einem einzigen Prankenhieb töten. Mit einer Höchstgeschwindigkeit von 40 km/h an Land ist er schneller als der Mensch.
Die Jagd auf diese Tiere ist auf eine bestimmte Stückzahl pro Jahr begrenzt und darf nur von den Küstenvölkern der Arktis, wie den Eskimos und den Tschuktschen, betrieben werden. Der Eisbärbestand wird auf 20 000 bis 25 000 Exemplare geschätzt. Viele von ihnen finden sich jedes Jahr in der kanadischen Kleinstadt Churchill an der Hudsonbai ein.
Der Polarwolf *(Canis lupus arctos)* ist im nördlichsten Teil des Kanadisch-Arktischen Archipels beheimatet, vor allem auf Ellesmere Island, wo er in Rudeln Moschusochsen und Peary-Karibus jagt. Sein Kälteschutz ist ein doppelter Pelz aus längeren Grannenhaaren und einer dichten Unterwolle. Die Unterseiten seiner Pfoten sind fellbedeckt. Wenn er von einem Unwetter überrascht wird, kauert er sich eingerollt auf den Boden, bedeckt mit seiner buschigen Rute Nase und Ohren und lässt sich einschneien. Er behält seinen weißen Pelz das ganze Jahr. Der Polarwolf ist ein liebevoller Vater und hilft seiner Partnerin, mit der er ein Leben lang zusammen bleibt, bei der Nahrungsbeschaffung für die Jungen, die in Würfen von vier bis sieben Tieren auf die Welt kommen und nach etwa sechs Monaten allmählich ihre eigenen Wege gehen. Weitere Beutetiere der Wölfe sind Schneehasen und Lemminge.
Den Moschusochsen *(Ovibos moschatus)* konnten die Zoologen lange Zeit nicht klassifizieren, wie man auch an seinem wissenschaftlichen Namen – *Ovibos* („Schafs-Rind") – erkennen kann. Sein starker Moschusgeruch wird durch spezielle Geruchsdrüsen in der Nähe seiner Augen erzeugt. Ein dichter Pelz aus langen Grannenhaaren und einer feinen Unterwolle schützt seinen massigen Körper vor der Kälte.

188 links *Das Klappmützenweibchen ist ängstlich um ihren Nachwuchs besorgt und Fremden gegenüber sehr angriffslustig. Sie lässt nicht zu, dass sich jemand ihrem Jungen nähert. Diese Art wird sehr groß: Die Männchen können eine Länge von knapp 4 m und ein Gewicht von 400 kg erreichen. Letztere tragen auf dem Kopf einen fleischigen Wulst, den sie aufblähen können – dadurch erzeugen sie eine Art Brüllen, das sowohl zur Paarungsaufforderung als auch zur Revierverteidigung dient. Die Klappmütze* (Cystophora crystata) *ist vor der Küste Labradors, in Grönland und auf der Insel Jan Mayen beheimatet.*

188 rechts *Die Kegelrobbe* (Halichoerus grypus) *wird bis zu 3 m lang und kommt an den Atlantikküsten zwischen Neufundland und Island vor. Eine weitere Kolonie gibt es in der Ostsee. Diese Robbe ernährt sich von Fischen, Krustentieren und Tintenfischen, die sie sowohl tags- als auch nachtsüber erbeutet. Die Laute, die sie von sich gibt, sind viel lauter als bei anderen Robben und kilometerweit zu hören.*

188-189 und 189 *Der Seehund* (Phoca vitulina) *gehört mit seinen bis zu 2 m und einem Gewicht von bis zu 100 kg zu den kleineren Arten. Er ist in der Hudsonbai, in der Labradorsee, auf Island, auf Grönland, auf den Britischen Inseln und in der Ostsee verbreitet. Sein Fell ist graublau mit schwarzbraunen Flecken. Er ernährt sich von Fischen und Mollusken, die er am Meeresgrund erbeutet.*

Von seinem Kopf hängt ein langer Bart herab, der sich in das Fell seiner Brust und seiner Flanken verfilzt. Der Schwanz ist kurz, und seine typischen Schafsbeine enden in jeweils einem sehr breiten und kräftigen Huf, der nicht nur für Schneemärsche hervorragend geeignet ist, sondern auch ein nützliches Werkzeug darstellt, um im gefrorenen Boden nach Futter, hauptsächlich Zwergsträuchern, zu graben. Der Moschusochse lebt in Herden, in denen sich bei Gefahr die stärkeren männlichen Mitglieder schützend vor die schwächeren Tiere stellen. Dies machte es dem Menschen, dem sich auf diese Weise die ganze Herde präsentierte, leicht, ihren Bestand kräftig zu dezimieren. Der Wolf dagegen, ein anderer unermüdlicher Jäger, bringt die Herde mit Ablenkungsmanövern aus der Ruhe, sodass sie ihre Verteidigungsstellung aufgibt und die schwächeren Tiere der Gewalt des Feindes preisgibt.

Das Peary-Karibu *(Rangifer Arcticus Pearyi)* ist das kleinste der in der kanadischen Arktis lebenden Karibus. Im Gegensatz zu den in südlicheren Regionen beheimateten Arten wandert es im Herbst nicht nach Süden in die Taiga und zieht im Frühling auch nicht nach Norden. Sein Lebensraum sind die nördlichsten Inseln des Kanadisch-Arktischen Archipels, wo die Vegetation äußerst spärlich ist – es gibt nur Moose und Flechten zu fressen. Anders als bei den braungrauen Karibuarten des Festlands ist das Fell des Peary-Karibus weiß oder hellgrau. Es ist auch dichter und lichtet sich im Sommer nicht wesentlich. Seine kürzeren Beine und breiten Hufe lassen das Peary-Karibu zwar weniger elegant erscheinen, doch für das Leben im hohen Norden ist sein Körper bestens ausgerüstet. Außerdem ist es der sommerlichen Insektenplage nicht so stark ausgesetzt wie seine Verwandten im Süden, da in seinem Lebensraum die Teiche und Seen den größten Teil des Jahres zugefroren sind und sich deshalb keine Larven entwickeln können.

Der Polarfuchs *(Alopex lagopus)* hat einen gedrungenen Körper, eine leicht spitz zulaufende Schnauze und kleine, abgerundete Ohren. Sein Verbreitungsgebiet ist sehr groß. Man begegnet ihm in der Taiga ebenso wie in Höhe des 83. Breitengrades, wo er sich in der Nähe von Eisbären aufhält, um sich über die Reste ihrer Mahlzeiten herzumachen. Darüber hinaus jagt er Schneehasen, Lemminge, Wühlmäuse und

Erdhörnchen. Im Sommer bereichern Eier und Nestlinge seinen Speiseplan. Sein Pelz setzt sich, wie das des Polarwolfs, aus längeren Deckhaaren und der Unterwolle zusammen. Polarfüchse fürchten den Menschen nicht. Oft dringen sie in die Zelte von Arktisforschern ein und machen sich über den Proviant her.

Verglichen mit südlicheren Arten besitzt der Polarhase *(Lepus timidus arcticus)* eine ausgesprochen „nordische" Physiognomie, durch die er an seinen Lebensraum angepasst ist. Seine Ohren sind kurz, die Schnauze ist stumpf und seine Läufe tragen breite Pfoten, sodass er im hohen Schnee gut vorankommt. Sein Fell ist bis auf die Ohrenspitzen weiß. Er ernährt sich von Zwergsträuchern, die er beharrlich kaut, damit sie zart und verdaulich werden. Das Haarkleid der Jungen ist dunkler und verschmilzt vollkommen mit den Farben der Tundra. Die Feinde des Polarhasen sind Wolf, Hermelin, Wiesel und Schnee-Eule.

Das Hermelin *(Mustela erminea)* ist ein kleiner, aber sehr kräftiger aktiver Räuber. Im Sommer schlüpft es in die Lemming- und Wühlmaustunnels und richtet dort ein Blutbad an. Im Winter, wenn die Kleinsäugetiere Gänge unter der

190-191 *Eine zwei Monate alte Sattelrobbe* (Pagophilus groenlandicus) *ist gerade in die Fluten des Sankt-Lorenz-Golfs, Ost-Kanada, getaucht. Diese Robbenart wird über 2 m lang und bis zu 180 kg schwer. Ihr Verbreitungsgebiet reicht von der Hudsonbai bis Spitzbergen und Nowaja Semlja.*

Schneedecke graben, kann es sie dank seines ausgezeichneten Gehörs mühelos aufspüren. Während der warmen Jahreszeit erbeutet es zusätzlich Eier, noch nicht flügge gewordene Jungvögel, Erdhörnchen und sogar Hasen, die viel größer sind als es selbst. In hohen Breitengraden bleibt sein Fell bis auf seine schwarze Schwanzspitze ganzjährig weiß. Weiter südlich, bis zum Rand der Taiga, nimmt sein Fell eine dunklere Färbung an, der Bauch bleibt heller.
Das Mauswiesel *(Mustela nivalis)* ist etwas kleiner als das Hermelin und hat ähnliche Gewohnheiten. Es hat ein kürzeres Fell und ist genauso flink und aktiv wie sein Verwandter. Im Allgemeinen bewohnt es südlichere Gegenden als das Hermelin und dringt im Winter bis an die Grenze der Taiga vor. Im Winter ist das Fell des Mauswiesels komplett weiß. Das Mauswiesel ernährt sich von Lemmingen, Wühl- und Feldmäusen sowie von Eiern und Nestlingen. Bisweilen greift es auch junge Hasen an.
Vom Lemming gibt es zwei Varietäten: Den Grönländischen Halsbandlemming *(Dicrostonyx groenlandicus)* und den Braunlemming *(Lemmus trimucronatus).* Der erste kommt im eurasischen Raum vor, der zweite in Nordamerika. Die Lemminge sind die Beute aller Fleisch fressenden Säugetiere und der Greifvögel. Im Winter wird dieser kleine Pflanzenfresser nur von Hermelin und Wiesel gejagt, die in die Tunnelsysteme im Schnee eindringen.
Lemminge sind äußerst fruchtbar. Die ersten Paarungen finden im März statt, im Jahr kann es bis zu vier- oder fünfmal Nachwuchs geben. Da die Neugeborenen schon mit drei Monaten geschlechtsreif sind, können aus dem ersten Lemmingpaar und seinen Nachkommen bis zu 500 Tiere in einem einzigen Jahr hervorgehen. Eine so starke Vermehrung kann jedoch nur unter günstigen Bedingungen stattfinden. Wenn der Winter lange dauert und weder genügend Gräser noch junge Blätter vorhanden sind, werden weniger Lemminge geboren, die Nahrung wird also auch für die Raubtiere knapp, die sich dann ebenfalls weniger stark fortpflanzen. Die Schwankungen in der Geburtenzahl der Lemminge ist aber nicht nur umweltbedingt, sondern auch einem vierjährigen Zyklus unterworfen, der sich wiederum auf die Anzahl der Räuber auswirkt. Wenn die Lemminge die maximale Populationsdichte erreicht haben, brechen sie in großen Scharen auf, um sich in

192 *Eine Sattelrobbe säugt ihr Junges auf dem Packeis. Die Neugeborenen wachsen sehr schnell: In nur zwei Wochen verdreifacht sich ihr Gewicht, während sich ihr Leibesumfang verdoppelt.*

192-193 *Mutter und Kind erkennen sich am Geruch. Bei den Robben, wie auch bei allen anderen Flossenfüßern, kann die Mutter ihr Junges am Körpergeruch selbst in einer großen Kolonie unfehlbar wiederfinden.*

einer weniger dicht bevölkerten Gegend niederzulassen. Da es ihnen eigen ist, dass sie geschlosssen eine bestimmte Richtung einschlagen, von der sie nicht mehr abweichen, kann es vorkommen, dass die Lemminghorde auf ihrem Weg einen Fluss oder andere Wasserflächen kreuzt, die jenseits ihrer Möglichkeiten liegen und denen sie nicht ausweichen kann. Dann ertrinken Zehntausende der Tiere.
Ein Lemming wiegt knapp über 100 g, und nur die in Grönland lebende Art ist im Winter weiß gefärbt. Während der anderen Jahreszeiten passt sich die Färbung der rundlichen, stummelschwänzigen Tiere perfekt an ihre Umgebung an.
Das Parry-Ziesel *(Citellus undulatus)* ist in der Tundra nicht so häufig wie der Lemming: Es zieht im Allgemeinen trockenere Böden vor, die jedoch nicht allzu weit vom Wasser entfernt sein dürfen. Im Gegensatz zum Lemming halten diese ganzjährig hellbraunen Tiere Winterschlaf, und zwar in Gemeinschaftshöhlen, die viele Angehörige der Gruppe beherbergen. Im Frühling, wenn sie ihren schützenden Bau verlassen, werden die Ziesel von allen Fleischfressern der Tundra gejagt, vor allem vom Fuchs.
Die Nordrötelmaus *(Clethriomomys gapperi)* ist sehr klein und wiegt nur etwa 40 g. Sie trägt ähnliche Tarnfarben wie der Lemming. Der Schwanz ist viel kürzer als bei den in südlicheren Breiten beheimateten Arten. Auch dieser kleine Säuger lebt im Sommer in langen, miteinander vernetzten unterirdischen Gängen und im Winter in Tunnels im Schnee. Seine Lebensgewohnheiten gleichen denen des Lemmings, und er vermehrt sich ebenso rasch, wobei die Geburtenraten ebenfalls zeitlichen Schwankungen unterworfen sind. Die beiden Arten haben dieselben Feinde.
Die Maskenspitzmaus *(Sorex cinereus)* ist das kleinste Säugetier, das in der Arktis überwintert. Sie ist immer auf der Suche nach Insekten, Larven und Würmern, und lebt in Tunnels, die gerade so groß sind wie es ihre zierlichen Körpermaße zulassen – sie wiegt nur 15 bis 20 g. Dies verhindert, dass Räuber eindringen können. Sobald die Maskenspitzmaus aber aus ihrem Bau ins Freie schlüpft, wird sie für alle Fleischfresser zur leichten Beute.
Die Vogelarten, die das ganze Jahr die Arktis nicht verlassen, sind äußerst selten, und sie gehören unterschiedlichen Ordnungen an.

193 oben *Ein Weibchen taucht am Rand des Packeises aus dem Wasser, um nach ihrem Sprössling zu sehen.*

193 unten *Ein Robbenbaby in der kanadischen Arktis*

194 links *Der Eisbär* (Ursus maritimus) *streift unermüdlich in der Arktis umher und fühlt sich sowohl auf dem Eis als auch im Wasser wohl. Die dicke Fettschicht unter der Haut und sein öliger Pelz schützen ihn vor Kälte und Nässe.*

194 rechts *Ein Eisbärenweibchen zögert nicht, mit ihrem Nachwuchs einen breiten Meeresarm bei Wager Bay im Bezirk Keewatin, unweit der Nordwestspitze der Hudsonbai, zu durchqueren.*

Die Schnee-Eule *(Nyctea scandiaca)* wird bis zu 60 cm hoch. Ihr Gefieder ist bis auf einige kleine dunkle Flecken auf den Flügeln schneeweiß. Sogar die Beine sind, mit Ausnahme der Krallen, ganz von dichtem Federflaum bedeckt. Oft scheint eine weiße Lidfalte über ihren runden Augen zu liegen. Sie verleiht der Schnee-Eule ihr unverwechselbares Aussehen. Außerdem fehlen die Pinselohren vollkommen. Im Sommer baut die Schnee-Eule ihr Nest auf dem Boden. Zu ihren Beutetieren zählen hauptsächlich Lemminge und Wühlmäuse, aber auch junge Polarhasen. Gewöhnlich jagt sie tagsüber.
Der Gerfalk *(Falco rusticolus)* ist der größte der Falken. Sein Federkleid ist im hohen Norden völlig weiß; die Exemplare, die weiter südlich überwintern, weisen ein braun gesprenkeltes, den Wanderfalken ähnliches, Gefieder auf. Er fliegt normalerweise dicht über dem Boden und schwingt sich in größere Höhen, wenn er eine vertraute Gegend verlässt, um fremdes Territorium zu erkunden. Seine Nahrung sind kleine Säugetiere.
Das Federkleid des Moorschneehuhns *(Lagopus lagopus)* nimmt im Winter eine rein weiße Farbe an, sodass es in seiner Umgebung nicht auffällt. Ebenso gut getarnt ist es mit seinem rötlich braunen, an die Farben der Tundra angepassten Sommergefieder. Der Vogel erreicht eine Höhe von 40 cm. Das Moorschneehuhn sucht sich seine Nahrung, indem es nach Samen, Beeren, Trieben und Insekten scharrt.
Der Kolkrabe *(Corvus corax)* besitzt eine erstaunliche Anpassungsfähigkeit an die verschiedensten Klimazonen. In der Arktis ist der Rabe allgegenwärtig und unterscheidet sich äußerlich nicht von den Exemplaren, die in südlicheren Gegenden zu Hause sind. Er ernährt sich von Aasresten, kleinen Fischen und den Abfällen menschlicher Siedlungen. Bei den Völkern der Arktis gilt er als intelligenter und vielseitiger Vogel, und es gibt im gesamten arktischen Raum kaum eine Sage und kaum einen Volksglauben, in dem der Rabe nicht als heiliges oder magisches Tier gilt.
Die Schneeammer *(Plectrophenax nivalis)* wird ca. 13 cm hoch und kann, ohne besonderen Schutz, ganzjährig in den nördlichsten Regionen der Erde überleben. Sie ist ständig auf der Suche nach Samen und Beeren (die auch gefroren oder getrocknet sein können), um ihren Kalorienbedarf zu decken. Die Schneeammer

194-195 *Trotz seines massigen Körpers und seines Gewichts – ein Männchen kann bis zu 500 kg auf die Waage bringen – ist der Eisbär sehr gewandt und kann mit großem Geschick auf dünnen, schwankenden Eisschollen das Gleichgewicht halten.*

195 *Der Eisbär ist, ob er sich nun auf einer Packeisscholle befindet oder im offenen Meer schwimmt, immer in seinem Element. Es wurden sogar Eisbären gesichtet, die über 40 km vom nächsten Festland oder von der nächsten Packeiszone entfernt waren.*
Auf diesem Bild, das auf Franz-Joseph-Land entstand, ist auch ein seltener Vogel, die Elfenbeinmöwe (Pagophila eburnea) *zu sehen.*

besitzt zwei Mägen, von denen einer als Vorratskammer dient.
Wie aber leben die Tiere, die das ganze Jahr in der Arktis verbringen, während der langen Polarnacht?
In einem großen Teil der arktischen Regionen fehlt im Winter einige Wochen lang das Sonnenlicht. In jenem Gebiet der Erde fällt weniger Schnee als in anderen, südlicheren Gegenden, doch da der Schnee nicht taut, behält der Boden seine weiße Farbe fast überall bei. Einige Weiden durchbrechen mit ihren Zweigen die Schneedecke und bieten Moorschneehühnern und Hasen Nahrung. Die durch ihren warmen Pelz geschützten Moschusochsen und Peary-Karibus suchen ihr Futter in höher gelegenen Regionen, wo die arktischen Winde stärker wehen und den Schnee abtragen. Die Moschusochsen begnügen sich mit vertrockneten Gräsern und einigen Zwergsträuchern, während die Karibus Moose und Flechten bevorzugen. Die Polarfüchse, die dank ihres fabelhaft entwickelten Geruchssinns und Gehörs Kleinsäugetiere unter der Schneedecke aufspüren können, finden auch in der kargen Jahreszeit noch frische Beute. Außerdem finden sich viele von ihnen dort ein, wo Eisbären die Überreste ihrer Mahlzeiten hinterlassen oder Wölfe ein großes Säugetier gerissen haben. Die Polarhasen ziehen in großen Gruppen von bis zu 100 Tieren umher, auf der Suche nach Zwergsträuchern. Der Eisbär hält sich weit entfernt auf dem ausgedehnten Packeis auf und nutzt jede noch so kleine, von Robben zum Atmen geöffnete Eisspalte, um sich bis zum Frühjahr mit Frischfleisch zu versorgen. Dann kehren auch die Robben, die im Süden überwintert haben, zurück. Die trächtigen Eisbärweibchen dagegen bauen sich eine Höhle im Schnee. Die Geburten finden im Januar und Februar statt, und die Jungen verlassen die Höhle im März oder April, um ihrer Mutter zu folgen, mit der sie mindestens zwei Jahre lang leben.
Größere Aktivität herrscht unter der Schneedecke. Diese wirkt isolierend, und die Temperatur im Boden liegt immer um sieben oder acht Grad höher als die Außentemperatur. Hier überwintern die Kleinsäuger wie Lemminge, Wühl- und Spitzmäuse.
Abgesehen von der Dunkelheit unterscheidet sich ihr Leben im Winter kaum von dem im Sommer. Die Pflanzenfresser kommen leicht an

196 und 197 *Churchill ist eine Kleinstadt an der Hudsonbai im Norden der kanadischen Provinz Manitoba. Im Herbst versammelt sich eine große Zahl von Eisbären in diesem relativ weit südlich gelegenen Gebiet (Churchill befindet sich knapp unterhalb des 60. nördlichen Breitengrades). Die Tiere geben jedes Jahr eine Zeit lang ihr Einzelgängertum zugunsten einer geselligen Lebensweise auf. Wenn sich zwei gleichaltrige Eisbären begegnen, ist dies immer ein Anlass zu ausgiebigem Spiel, Scheinkämpfen und rituellen Gesten, wie die Bilder auf diesen Seiten deutlich zeigen.*

Grünzeug, während die Spitzmäuse eine reiche Auswahl an Regenwürmern, Larven und Insekten vorfinden. Auch die Gefahren, denen sie ausgesetzt sind, bleiben erhalten. Hermeline und Wiesel sind schlank genug, um in die Tunnelsysteme im Schnee einzudringen und wie gewohnt ihrer Beute nachzustellen.
Natürlich fordert der Winter immer seine Opfer. Plötzliche Schneefälle, denen Perioden großer Kälte folgen, setzen den Pflanzenfressern zu, da sie kein Futter mehr finden. Auch die Karnivoren (Fleischfresser), vor allem die größeren unter ihnen, wie Eisbären oder Wölfe, müssen lange Zeit ohne Nahrung auskommen und gehen manchmal zugrunde.
Im April beendet der Gesang der Schneeammer unversehens die tiefe Winterstille. Dieser kleine Vogel ist der Vorbote einer spektakulären Invasion, die innerhalb weniger Wochen Millionen von Vögeln aus den unterschiedlichsten Gebieten der Erde in die Arktis bringen wird.
Von den mehr als hundert Vogelarten, die den Sommer in der Arktis verbringen, sind nur etwa ein halbes Dutzend Singvögel. Neben der Schneeammer lassen auch Steinschmätzer *(Oenanthe oenanthe)*, Wiesenpieper *(Anthus pratensis)*, Petschorapieper *(Anthus gustavi)*, Wasserpieper *(Anthus spinoletta)*, Ohrenlerche *(Eremophila alpestris)* und Blaukehlchen *(Luscinia svecica)* ihr Lied ertönen. Da es keine Bäume gibt, von denen aus sie einen Partner anlocken oder vor Gefahr warnen können, führen alle diese Vögel Singflüge aus.
Die meisten Zugvögel sind jedoch Wasservögel. Sie finden sich ab Mai in der Arktis ein, wenn noch eine dicke Schneedecke auf der Erde liegt und die Seen noch zugefroren sind, weshalb ihre Ankunft verfrüht erscheint. Doch die Zeit für die Fortpflanzung ist knapp, und die Vögel müssen paarungsbereit sein, sobald sie genügend Futter zur Verfügung haben. So sind sie in der Lage, ihre Brut vor dem Rückflug in den Süden aufzuziehen.
Einige Tage später treffen auch die schneeweißen Singschwäne *(Cygnus cygnus)* ein und bessern das Nest des Vorjahres aus. Sie kehren stets an ihren angestammten Brutplatz zurück. Sobald das Eis auf Seen und Sümpfen schmilzt, kommen Enten und Taucher angeflogen. Anfang Juni finden sich die Stelzvögel und bald darauf die Wassertreter ein. Etwa zur selben Zeit trifft auch die Küstenseeschwalbe *(Sterna*

198 und 199 unten *Zwei junge Eisbären schließen Bekanntschaft und spielen miteinander. Im Herbst ist das Packeis noch zu dünn, deshalb bleiben die Tiere an Land. In wenigen Wochen werden die jungen Bären ihre ersten Jagdversuche auf Kosten ebenso junger Robben unternehmen.*

199 oben *Familienidylle im kanadischen Hinterland. Ein Eisbärenweibchen wärmt mit ihrem Körper ihre beiden Jungen, die im vergangenen Winter geboren wurden und noch ein weiteres Jahr bei ihr bleiben werden. Die Mutter ernährt sie nicht nur, sondern erteilt ihnen auch Unterricht im Jagen.*

198-199 *Ein Eisbärenweibchen spielt mit ihren Kindern, während sie mit wachsamem Blick darauf achtet, dass keine männlichen Eisbären in der Nähe sind. Diese zögern nicht, die Jungen anzugreifen, wenn sie hungrig sind, und nicht immer gelingt es der Mutter, ihren Nachwuchs zu retten, obwohl sie sich mit ihrem Leben dafür einsetzt.*

200-201 *Der Moschusochse* (Ovibos moschatus) *lebt noch weiter nördlich als die anderen Wiederkäuer der Arktis. Man trifft ihn sogar auf Ellesmere Island am Nordrand des Kanadisch-Arktischen Archipels und im Norden Grönlands an, wo der Boden nur drei Monate im Jahr schneefrei ist. Mit seinen kräftigen Hufen gräbt der Moschusochse, im Schnee nach Nahrung, die sich aus Moosen, Gräsern und Blättern von Zwergsträuchern zusammensetzt. Im Gegensatz zum Karibu frisst er Flechten nur im Ausnahmefall. Sein Pelz besteht aus langen, groben Grannenhaaren sowie einer äußerst feinen Unterwolle und ermöglicht es ihm, der Kälte zu trotzen. Im Sommer findet ein sehr starker Fellwechsel statt. Der Moschusochse lebt stets in Herden von zehn bis 15 Exemplaren. Wird eine Herde angegriffen, dann stellen sich die stärksten männlichen Tiere schützend vor die jüngeren und schwächeren Herdenmitglieder. Genau das erleichtert dem Menschen jedoch die Jagd, da sich die Beute auf einer kleinen Fläche zusammendrängt. Die Polarwölfe dagegen, ebenfalls Erzfeinde der Moschusochsen, wenden eine andere Taktik an: Sie ermüden die Herde durch wiederholte Angriffe von allen Seiten, sodass diese schließlich ihre Verteidigungsformation aufgibt und sich zerstreut. Dann fallen die Wölfe über die schwächsten Tiere her.*
Diese Aufnahmen von Moschusochsen entstanden auf der Insel Univak im Beringmeer, vor der Westküste Alaskas.

paradisea) ein, die Rekordhalterin im Langstreckenflug: Sie legt auf ihrem Weg von der Südhalbkugel in die Arktis tausende von Kilometern zurück.
Zeitgleich zur Migration der Vögel findet auf dem Landweg eine weitere große Wanderung statt: Hunderttausende von Karibus ziehen von den Wäldern am Südrand der Tundra, wo sie den Winter über Zuflucht gefunden haben, zum Ufer des Nordpolarmeeres. Man vermutet, dass früher, als die gewaltigen Herden noch nicht infolge eines wahllosen Gemetzels dezimiert waren, etwa 20 bis 25 Millionen dieser Tiere auf kanadischem Gebiet lebten. Ihr Bestand ist in letzter Zeit auf ca. 600 000 Exemplare geschrumpft und scheint sich bei dieser Zahl eingependelt zu haben.
Das Karibu erreicht 1,5 m Widerristhöhe und wiegt bis zu 300 kg. Dank seiner breiten, sehr robusten Hufe kommt es sowohl auf dem weichen, morastigen Frühlingsboden als auch auf Schnee gut voran. Die Hufe dienen außerdem dazu, im verschneiten Boden nach Fressbarem zu scharren. Die Nahrung dieser Tiere besteht fast ausschließlich aus Flechten und bestimmten Moosen, die sie entlang ihrer gesamten Wanderstrecke bis hinauf in den hohen Norden vorfinden. Im Winter, wenn sich die Karibus in den Wäldern aufhalten, grasen sie Moose und Flechten sogar von den Baumstämmen ab.
Das Karibu erreicht im Galopp eine Geschwindigkeit von bis zu 60 km/h und ist ein ausgezeichneter Schwimmer. Sowohl die männlichen als auch die weiblichen Tiere besitzen ein herrliches Geweih, das von einer samtig braunen, stark durchbluteten Haut überzogen ist, welche ihnen im Sommer Kühle verschafft. Später fällt diese Verkleidung ab, und das Geweih wird zur Kampfwaffe der Bullen, die sich gegenseitig die Kühe streitig machen. Sie werfen es im Dezember/Januar ab, die Kühe erst etwa einen Monat später. Im April wächst es beiden Geschlechtern nach, und im April und Mai werden die Kälber geboren, die sofort nach der Geburt in der Lage sind, mit den Alttieren zu wandern. Haben die Karibus die lange Strecke bewältigt, zerfallen die riesigen Herden in Gruppen von 100 bis 150 Mitgliedern. Im Sommer ziehen sie als Aufenthaltsort höher gelegene, windige Gebiete vor, um der Insektenplage möglichst zu entgehen. Wenn der Herbst naht, finden die Herden wieder zusammen und be-

202-203 *Vorsichtig läuft ein Polarfuchs über die verbleibenden Trümmer des schmelzenden Packeises.*
Im Vergleich zum Rotfuchs hat der Polarfuchs eine stumpfere Schnauze, einen gedrungeneren Körper, kleinere Ohren und einen buschigeren Schwanz. Er ist auch kleiner und wird maximal 7 bis 9 kg schwer.

geben sich auf die weite Rückreise nach Süden, in die Wälder der Taiga, wo sie vor den Winterstürmen besser geschützt sind.
Das Rentier stellt das eurasische Gegenstück zum Karibu dar, wird aber nicht ganz so groß: Es misst nur 1 m bis zum Widerrist und bringt es auf ein Gewicht von 100 bis 150 kg. Die Rentiere existieren nicht mehr in freier Wildbahn. Jedes Jahr durchqueren sie die Tundra von Süden nach Norden und umgekehrt, und folgen dem Wechsel der Jahreszeiten unter der Obhut von Hirten. Doch ihr Lebensrhythmus ist beinahe ebenso frei wie der ihrer amerikanischen Vettern. Die Art ist von Norwegen bis zur Tschuktschenhalbinsel verbreitet, und viele Völker leben noch heute von der Rentierzucht.
Das raue und kompakte Fell des Karibus und des Rentiers bildet einen dichten Mantel von 5 cm Dicke. Jedes Haar besitzt im Inneren einen zylindrischen, luftgefüllten Hohlraum, der den Pelz leicht macht und gleichzeitig isoliert. Im Spätfrühling verlieren die Tiere einen Großteil ihrer Haare.
Rentiere und Karibus sind nicht die einzigen Lebewesen, deren Aussehen und Lebensgewohnheiten sich mit Beginn der warmen Jahreszeit ändern. Die Tage sind nun länger, und unter der warmen Juni- und Julisonne taut endlich die obere Bodenschicht auf, sodass das Wasser die Wurzeln der Pflanzen erreichen kann. Da sich die Knospen schon im Jahr zuvor entwickelt haben, reagieren sie auf die neuerliche Erwärmung und die Feuchtigkeit mit üppiger Blütenpracht. Als Erstes erblüht immer der Steinbrech.
Mit den Pflanzen erwachen auch die Insekten und andere winzige Tierchen zu neuem Leben. Millionen von Raupen fallen über die Vegetation her und liefern den Vögeln Nahrung in Hülle und Fülle. Moskitos und Kriebelmücken verlassen in riesigen Schwärmen die Teiche. Heerscharen von Spinnen, Pflanzenläusen, Würmern und Käfern überschwemmen den Boden. Hornissen brummen ohne Unterlass und erreichen sogar den höchsten Norden Grönlands in Höhe des 83. Breitengrades.
Im Juli brüten Gänse, Enten und Stelzvögel, und viele ihrer Nester fallen Füchsen oder Greifvögeln zum Opfer. In den Seen stellen auch Hechte den jungen Wasservögeln nach. Schnee-Eulen, Ger- und Wanderfalken stürzen sich auf Lemminge und Wühlmäuse, während

204-205 *Der Polarfuchs ist neugierig und aufdringlich. Vielen Forschern und Reisenden ist es gelungen, ihn anzulocken und ihm etwas zu Fressen anzubieten. Gelenkt von seinem ausgezeichneten Geruchssinn schmuggelt sich der Polarfuchs manchmal in ein Zeltlager ein, ungeachtet der dort lebenden Menschen. Er fürchtet nicht einmal die Anwesenheit des Eisbären und wartet in seiner Nähe darauf, dass dieser seine Mahlzeit beendet, um sich über die Reste hermachen zu können.*
Der Polarfuchs ist ein hervorragender und unermüdlicher Jäger. Er erbeutet Lemminge, Wühlmäuse und Polarhasen. Im Sommer plündert er außerdem Vogelnester und frisst Eier und Jungtiere der Zugvögel.

Wiesel und Hermeline Hasen und Erdhörnchen jagen.
Trotz des unendlichen Kreislaufs von fressen und gefressen werden, der sich auf allen Ebenen der Tierwelt abspielt, kann der Tundrasommer fast idyllisch anmuten, und man kann Wölfe beobachten, die sich, von Kleintieren gesättigt, seelenruhig unter weidenden Karibus herumtreiben, von denen sie kaum eines Blickes gewürdigt werden.
Im August und September ist das Wetter beständiger, und die Moskito- und Kriebelmückenplage, die drei Monate lang Mensch und Tier heimsuchte, hat ein Ende. Eine weitere Periode des Überflusses ist angebrochen, mit einer Unmenge reifer und vitaminreicher Beeren. Vögel und Säugetiere, einschließlich der Wölfe und Füchse, die normalerweise Fleischfresser sind, tun sich an Heidelbeeren, Preiselbeeren und anderen Früchten gütlich. Auf dem Grund der Teiche graben sich Moskito- und andere Insektenlarven in den Schlamm, wo sie bis zum nächsten Frühjahr ausharren. Die Pflanzen bringen neue Knospen hervor, die bereit sind, im nächsten Frühling zu erblühen.
Der Aufbruch der Zugvögel bietet ein noch beeindruckenderes Schauspiel als ihre Ankunft. Mitte Herbst formieren sich Schwärme, die so groß sind, dass sie den Himmel verfinstern. Nachdem sich der jährliche Lebenskreislauf der Arktis geschlossen hat, sollte man nun die wahren „Stars" des Polarsommers genauer unter die Lupe nehmen: die Millionen Zugvögel, die sich die Arktis als Paarungsort und Nistplatz ausgesucht haben.
Ein großer Teil, genauer gesagt 90 % der Zugvögel, sind Wasservögel, die an der Küste oder auf dem offenen Meer leben. Die Hälfte davon nistet an unzugänglichen Küsten oder auf unbewohnten kleinen Inseln. Ihre Gelege auf den Steilklippen sind vollkommen primitiv: Die Weibchen legen die Eier, die an einem Ende spitz zulaufen, damit sie nicht wegrollen können, auf einen Felsvorsprung und brüten sie so ohne jeglichen Schutz aus.
Die Seevögel besitzen immer Schwimmhäute zwischen den Zehen und haben verschiedene, artspezifische Tauchtechniken entwickelt: Manche stürzen sich mit dicht an den Körper gelegten Flügeln in die Fluten, andere tauchen tief ins Wasser ein und benutzen die Flügel als Schwimmflossen. Einige schließlich tauchen kopfüber ins Meer und gelangen mit ihrem langen Hals ans Futter. Wieder andere, wie Schwäne, Gänse, Enten und Wassertreter brüten in flachen Zonen an der Küste oder im Landesinneren und bauen sich „richtige" Nester auf dem Boden. Die Stelzvögel haben, obwohl sie ebenfalls zu den Wasservögeln gehören, keine Schwimmhäute zwischen den Zehen, sind aber mit ihren langen Beinen und dem langen Schnabel bestens ausgerüstet, um ihre im Wasser lebende Beute zu fangen. Auch diese Vögel sind Bodenbrüter.
Wenn man die Vielzahl der im Norden nistenden Vögel beschreiben will, ist es angebracht, sie in Ordnungen zu gliedern. Einige typische Vertreter der sommerlichen Vogelfauna der Arktis gehören zur Ordnung der Röhrennasen *(Procellariiformes)*. Hierzu zählt z. B. der Eissturmvogel *(Fulmarus glacialis)*. Er ähnelt sehr den Möwen, ist aber größer als sie. Wie die Möwen durchstöbert er Abfälle nach Genießbarem. Er ist an seinen auffälligen, röhrenförmigen, auf dem Schnabel aufliegenden Nasenöffnungen zu erkennen und an seinem starren, oft gleitenden Flugstil. Er nistet an unzugänglichen Steilküsten.
Die Sturmschwalbe *(Hydrobates pelagicus)* wird nur etwa 25 cm groß und bis 50 g schwer. Sie brütet an Steilküsten.
Der Wellenläufer *(Oceanodroma leucorhoa)* ist größer als die Sturmschwalbe. Beim Fliegen, berührt er die Wasseroberfläche nicht, sondern hält sich mit seinem schmetterlingsähnlichen Flügelschlag über dem Meer.
Der Schwarzschnabel-Sturmtaucher *(Puffinus puffinus)* ist der kleinste unter den Sturmtauchern. Er lebt sowohl auf dem Meer wie auch an der Küste in Gruppen.
Der Rußsturmtaucher *(Puffinus griseus)* zieht die Küstenregion dem offenen Meer vor.
Die Ordnung der Ruderfüßer *(Pelicaniformes)* umfasst die Pelikane und die mit ihnen verwandten Arten. Von diesen großen Vögeln sind nur die Tölpel und Kormorane in der Arktis vertreten. Der elegante, stattliche Basstölpel *(Morus bassanus)* baut sein Nest aus getrockneten Algen und einigen Halmen auf glatten Felsvorsprüngen nicht allzu hoch über dem Meeresspiegel. Er nistet auf flacheren Inseln und Felsklippen, um seine Nachkommenschaft vor den Nachstellungen der Landraubtiere, vor allem dem Fuchs, zu schützen und überlässt

206-207 *Im Allgemeinen behält der Polarfuchs sein graublaues Fell das ganze Jahr über. Bei der Geburt und während der ersten Lebenswochen hat es eine rötlich braune Farbe, durch die das Tier in der Tundra gut getarnt ist. Nur bei den Füchsen auf den nördlichsten Inseln des Kanadisch-Arktischen Archipels, im Norden Grönlands, auf Spitzbergen und auf Franz-Joseph-Land vollzieht sich im Winter ein Haarwechsel, der ihnen einen rein weißen, sehr dichten Pelz beschert. Im Vergleich zu anderen Tieren seiner Größe besitzt der Polarfuchs den dichtesten Pelz. Dies ist einerseits sein Glück, andererseits aber auch sein Pech. Das dichte Fell ermöglicht es dem Polarfuchs, den extremen klimatischen Bedingungen des arktischen Winters standzuhalten und selbst während der finstersten und kältesten Monate im Jahr aktiv zu bleiben. Doch unglücklicherweise schätzt der Mensch seinen Winterpelz ganz besonders und stellt dem Tier daher auf barbarische Art und Weise mit Fangeisen nach.*

die steileren Klippen den Möwen und den Alken. Basstölpel dringen als einzige Vögel bis zum nördlichsten Ende der Baffinbai vor.
Der Kormoran *(Phalacrocorax carbo)* erreicht ebenfalls eine Größe von ca. 90 cm. Er ist ein Spezialist der Unterwasserfischerei. Er hält sich nicht in hohen Breiten auf und wagt sich nur selten aufs offene Meer. Seine Brutplätze sind übelriechende Kolonien unweit der Küste.
Die Krähenscharbe *(Phalacrocorax aristotelis)* ist dem Kormoran sehr ähnlich. Man erkennt sie an der Federhaube auf ihrem Kopf und an ihrem kleineren Wuchs. Wie der Kormoran feuchtet die Krähenscharbe vor dem Tauchen ihr Gefieder an, um nicht auf der Wasseroberfläche zu treiben. Sie sonnt sich nach den Mahlzeiten ausgiebig, um es wieder zu trocknen.
Möwen, Seeschwalben und Raubmöwen zählen zur Ordnung Wat- und Möwenvögel *(Charadriiformes)*, die sich wiederum in die Familie der *Laridae, Sternidae* und *Stercorariidae* gliedert.
Die Möwen, von denen es zahlreiche Arten gibt, gehören zu den Vögeln, die sich am Besten an die unterschiedlichsten Lebensräume und die unterschiedlichste Nahrung anzupassen wussten. Zwei Faktoren haben dazu geführt, dass sich ihr Verbreitungsgebiet nach Norden ausdehnte: Die Fähigkeit, in Gesellschaft des Menschen zu leben und der fortschreitende Temperaturanstieg in der Arktis. Viele von ihnen umkreisen die Fischkutter, oder leben in der Nähe von Fischfabriken oder Häfen, wo sie sich zu Tausenden um die Abfälle scharen. Nur die Schwalbenmöwe, die Rosenmöwe, die Polarmöwe und die Elfenbeinmöwe bewohnen den arktischen Raum.
Die Elfenbeinmöwe *(Pagophila eburnea)* ist die kleinste unter den ganz weißen Möwen. Sie hat schwarze Beine und einen schwarzen Schnabel und fliegt so elegant wie die Seeschwalbe. Beim Nahrungserwerb hat sie sich hervorragend angepasst: Sie verzehrt die Beutereste von Eisbären, deren Kot und die Nachgeburten von Robben und Eisbären.
Die Schwalbenmöwe *(Xema sabini)* ist in den nördlichsten Gebieten der Arktis anzutreffen. Im Sommer ernährt sie sich von Spinnen und Insekten, im Winter dagegen von pelagischem Getier, da sie diese Jahreszeit auf dem offenen Meer verbringt.

Die Rosenmöwe *(Rhodostethia rosea)* ist im arktischen Teil Asiens beheimatet und an ihrem zart rosafarbenen Körper und dem schmalen schwarzen Ring um den Hals zu erkennen. Sie hat weiße Flügel, und ihr Schwanz ist keilförmig. Im Sommer lebt sie von dem, was die Seen an Fressbarem zu bieten haben, im Winter holt sie sich ihr Futter aus dem Meer.
Die Polarmöwe *(Larus argentatus glaucoides)* hat weiße Flügel. Im zweiten Winter ihres Lebens ist ihr gesamtes Gefieder schneeweiß. Sie gesellt sich sowohl zu den Silbermöwen als auch zu den Polarmöwen.
Die Silbermöwe *(Larus argentatus)* ist die häufigste Möwenart. Sie ist bestens an die unterschiedlichsten klimatischen Bedingungen und jede Art von Futter angepasst, und ist oft in Häfen, in der Nähe von Abfallhaufen oder an Flüssen und Seen anzutreffen. Als Brutplatz wählt sie Klippen, unbewohnte Inseln oder

208-209 *Der Polarwolf ist auf Ellesmere Island, der nördlichsten Insel des Kanadisch-Arktischen Archipels zu Hause. Sein Pelz bleibt das ganze Jahr über weiß und besteht aus längeren, steiferen Grannenhaaren und einer dichten Unterwolle, die im Sommer ausfällt. Der Wolf ist ein liebevoller Vater und monogamer Lebensgefährte. Er hilft seiner Partnerin, die Jungen großzuziehen und diese im Jagen zu unterweisen. Er erbeutet Moschusochsen, Peary-Karibus und kleinere Säugetiere. Die Jagd auf den Polarwolf ist heute strikt verboten.*

einsame Küstenstreifen. Außer von den Abfällen des Menschen ernährt sie sich auch von Muscheln, deren Schalen sie knackt, indem sie sie aus großer Höhe auf die Felsen fallen lässt.
Die Eismöwe *(Larus hyperboreus)* erreicht eine stattliche Größe und eine Flügelspannweite von 1,5 m. Auch diese Art weist in ihrem zweiten Lebensjahr ein weißes Gefieder auf. Von den anderen Möwen unterscheidet sie sich durch ihre entschieden räuberische Lebensweise: Sie plündert Gelege und tötet Nestlinge, aber auch ausgewachsene Vögel. Wenn der Sommer vorüber ist, zieht sie nach Süden und ernährt sich von Plankton.
Die Mantelmöwe *(Larus marinus)* ist genauso groß wie die Eismöwe, an den Flügeln jedoch dunkelgrau gefärbt. Sie lebt ebenfalls räuberisch.
Die Heringsmöwe *(Larus fuscus)* gleicht in ihren Farben der Mantelmöwe. Die Beine und der Schnabel sind leuchtend gelb, und sie ist an den Küsten und in den Häfen des Nordens stark verbreitet.
Die Dreizehenmöwe *(Rissa tridactyla)* lebt pelagisch und sucht das Land nur auf, um in riesigen Kolonien auf steilen Meeresklippen zu nisten. Ihre Beine sind kurz und ihr Flugstil ist fast so elegant wie der der Seeschwalbe.
Die Sturmmöwe *(Larus canus)* wird ca. 50 cm groß. Beine und Schnabel sind grünlich gefärbt. Ihr Verbreitungsgebiet ist sehr ausgedehnt. Da sie einen schmaleren Schnabel hat als die anderen Möwen, kann sie auch Würmer und Insektenlarven erbeuten. Im Winter findet man sie in den Küstenregionen südlicherer Breiten.
Die Küstenseeschwalbe *(Sterna paradisaea)* ist die einzige der zahlreichen, in der nördlichen Hemisphäre heimischen Arten, die ihr Nest in der Tundra baut. Sie ist vom Norden Alaskas bis zum Kanadisch-Arktischen Archipel, auf Grönland, auf vielen Inseln des Nordpolarmeeres und im gesamten arktischen Teil Eurasiens zu finden. Das weiche Gefieder der Küstenseeschwalbe ist grau, Schwanz und Flügel leuchten silberweiß, Schnabel und Beine dagegen korallenrot, und der Kopf ist schwarz. Sie kommt im Juni von der Südhalbkugel in die Arktis und legt ihre Eier zwischen Kieselsteine oder ins vertrocknete Gras. Bei Gefahr erhebt sich die gesamte Kolonie, um die Brut zu verteidigen. Zwischen August und September sind auch die Jungvögel soweit, dass sie den Weg

***210** Ein Hermelin* (Mustela erminea) *taucht aus einem Tunnel im Schnee auf. Dieser unermüdliche Jäger erlegt Lemminge und Wühlmäuse. Im Winter ist sein Fell bis auf die schwarze Schwanzspitze vollkommen weiß. Sein Sommerpelz hat dagegen eine braunrote Farbe, der Bauch ist heller gefärbt. Das Hermelin schreckt nicht davor zurück, auch Tiere anzugreifen, die größer sind als es, wie etwa Polarhasen.*

***210-211** Der Polarhase hat sich gut an das strenge Klima im hohen Norden angepasst, und ist eines der wenigen Säugetiere, die das ganze Jahr über in der Arktis leben. Seine Schnauze ist stumpfer, seine Ohren sind kleiner und seine Pfoten breiter und robuster als bei seinen weiter im Süden beheimateten Verwandten. Seine Feinde sind der Wolf, das Hermelin, das Wiesel und die Schnee-Eule.*

nach Süden, zum Rand der antarktischen Packeisregion, antreten können. Diese Reise unternehmen sie zweimal im Jahr, und bewältigen dabei eine Strecke von insgesamt 16 000 bis 18 000 km mit nur geringen Verlusten. Die Küstenseeschwalbe taucht etwas linkisch ins Meer, um an der Oberfläche zu fischen.

Die Riesenraubmöwe oder Skua *(Stercorarius skua)* ist ein dunkel gefärbter Vogel. Sie ist ein ziemlich grausames Tier und erbeutet nicht nur Fische und Plankton im Meer, sondern greift auch kleinere Vogelarten an, und zwingt Elterntiere, ihr das Futter, das sie für ihre Brut herauswürgen, zu überlassen. Außerdem zerstört sie Nester und frisst die hilflos am Boden liegenden Jungen, verschmäht aber auch Aas nicht. Sie nistet in Kolonien in der Tundra, unweit von der Küste.

Die Schmarotzerraubmöwe *(Stercorarius parasiticus)* greift ebenfalls andere Vögel an, vor allem Seeschwalben, deren Beute sie für sich beansprucht. Sie nistet in kleinen, küstennahen Kolonien in der Tundra und fängt Kleinsäuger und Fische.

Die Kleine Raubmöwe *(Stercorarius longicaudus)* ist weniger räuberisch veranlagt als ihre Verwandten und bewegt sie sich beim Fliegen anmutiger. Die Kleine Raubmöwe lebt im Sommer von Lemmingen und Wühlmäusen und im Winter von Fischen.

Der umfangreichen Ordnung der *Charadriiformes* gehört auch die Familie der Alken *(Alcidae)* an. Alle ihre Vertreter sind an ihrem weißschwarzen Gefieder zu erkennen. Fünf von ihnen sind in arktischen Gewässern heimisch: Alke, Lummen, Teiste, Krabben- und Papageitaucher. Sie benutzen geschickt ihre kleinen schmalen Flügel, um sich unter Wasser fortzubewegen. Im Gegensatz zu den Spezies der Antarktis können alle diese Arten fliegen. Ihr rascher Flügelschlag hört sich aus der Nähe fast wie ein Brummen an. Sie ernähren sich ausschließlich von Fischen, und die größeren unter ihnen dringen beim Tauchen in Tiefen bis zu 100 m vor.

Der Tordalk *(Alca torda)* nistet in Klippenkolonien, bisweilen gemeinsam mit Lummen, doch meist an weniger schroffen Steilküsten. Wegen seiner weißen Brust und seines schwarzen Rückens ist er leicht mit der Lumme zu verwechseln, deren Größe in etwa mit seiner eigenen übereinstimmt. Erkennen kann man ihn an dem andersartig geformten Schnabel und dem plumperen Hals.

Die Trottellumme *(Uria aalge)* brütet in Felsküstenkolonien und verbringt wie der Tordalk den Winter auf dem offenen Meer. Sie hebt sich von der Dickschnabellumme durch einen weißen Ring um die Augen, der sich am Kopf fortsetzt, ab und fliegt mit ihren Artgenossen in linearer Formation dicht über den Wellen.

Die Dickschnabellumme *(Uria lomvia)* ist genauso groß wie die gewöhnliche Lumme, unterscheidet sich jedoch durch ihren kürzeren Schnabel. Sie hat das gleiche Gefieder und nistet auf steilen Felsen.

Die Gryllteiste *(Cepphus grylle)* brütet einzeln oder in Felsenkolonien steil über dem Meer. Im Gegensatz zu den schwarzbeinigen Vertretern der Alkenfamilie hat sie leuchtend rote Beine. Sie dringt überdies weiter nach Norden vor als die Lummen.

Der Krabbentaucher *(Plautus alle)* ist nur etwa halb so groß wie die anderen Arten, Hals und Schnabel sind bei ihm sehr kurz geraten. Er hält sich mit seinem raschen Flügelschlag in linearen Formationen dicht über dem Wasser. Sein Brutplatz sind steile Felsklippen über der See.

Der Papageitaucher *(Fratercula arctica)* sucht sich die höchsten Klippen als Nistplatz aus und lebt im Winter auf dem offenen Meer. Er ist der farbenprächtigste Vogel seiner Familie, mit orangefarbenen Beinen und einem ebensolchen papageienartigen Schnabel. Nur im

211 *In der Arktis leben zwei Lemmingarten: Der Grönlandische Halsbandlemming und der Braunlemming. Der erste kommt im eurasischen Raum vor, der zweite in Nordamerika. Der Lemming stellt für eine Schar von Räubern das erste Glied in der Nahrungskette dar. Er ist in der Tundra sehr zahlreich vertreten und ist die Lieblingsbeute aller Fleisch fressenden Säugetiere und Greifvögel.*

212 *Ein Gerfalk auf der Halbinsel Kent, Kanada. Er ist der größte Falke und hat bis auf die Flügel, die braun gesprenkelt sind, ein rein weißes Gefieder. Seine Nahrung besteht aus Polarhasen, Lemmingen und Wühlmäusen. Die Bindung zu seinem Weibchen, das größer ist als er, ist sehr stark.*

212-213 *Ein Schnee-Eulenpaar in der Nähe ihres Nestes in der Tundra. Das Männchen trägt einen erbeuteten Lemming im Schnabel, den das Weibchen gern entgegennimmt. Die Anzahl der Schnee-Eulen schwankt gemäß einem mehrjährigen Zyklus, der von den zyklischen Populationsschwankungen unter den Lemmingen abhängig ist. In günstigen Jahrgängen ist die Brut zahlreicher. Wenn aber die Anzahl der Lemminge zurückgeht, legen auch die Eulen weniger Eier.*

Winter verblasst die leuchtende Farbe seines Schnabels etwas.
Der Papageitaucher wird von den Eskimos gejagt, die sich der Hilfe eines Hundes bedienen, der mit mindestens sechs Zehen pro Pfote einzigartig auf der Welt ist: der Lundehund. Er ist ein so geschickter Kletterer, dass er bis zu den Nistplätzen der Papageitaucher vordringen und diese fangen kann.
Zur Ordnung der Gänsevögel *(Anseriformes)* gehören die Schwäne, von denen in der Arktis nur zwei Arten leben:
Der Singschwan *(Cygnus cygnus cygnus)*, lässt im Flug seinen typischen, pfeifenden Ruf ertönen. Er bevölkert ab Juni die Seen und Teiche der Tundra und kehrt unfehlbar zu seinem alten Nest zurück. Sein Gefieder ist rein weiß, der Schnabel dagegen an der Spitze schwarz und an der Basis gelb gefärbt. Die Beine sind grauschwarz.
Der Zwergschwan *(Cygnus columbianus bewickii)* ist nicht ganz so groß wie sein Verwandter. Während der Singschwan aus Nordamerika kommt, stammt er aus Eurasien.

Auch die Gänse gehören zur Ordnung der *Anseriformes*. Diese stattlichen Vögel sind gute Flieger. Ihr Gefieder ist von Art zu Art unterschiedlich gefärbt, weist aber diesbezüglich keine geschlechtsspezifischen Abweichungen auf. Die Gänse ziehen jedes Jahr in großen lärmenden Schwärmen nach Norden, um sich in der kalten kanadischen Tundra, in Grönland oder im arktischen Sibirien fortzupflanzen. Sie alle sind Bodenbrüter, die ihr Nest in der Nähe von Binnengewässern bauen und ihren Nachwuchs heftig verteidigen. Sie ernähren sich von jungen Trieben, zarten Blättern und auch von Algen. Charakteristisch ist die V-Formation, die die fliegenden Gänseschwärme einnehmen.
Im Folgenden werden die in der Arktis lebenden Arten und ihre Brutplätze aufgelistet: Schneegans *(Anser caerulescens)* – Tundra Alaskas und Nordkanadas; Ringelgans *(Branta bernicla)* – Grönland und Spitzbergen; Rothalsgans *(Branta ruficollis)* – Grönland und Spitzbergen; Weißwangengans *(Branta leucopsis)* – Grönland, Spitzbergen und Nowaja Semlja; Blessgans *(Anser albifrons)* – Sumpfgebiete des gesamten arktischen Gürtels; Saatgans *(Anser fabalis)* – Sumpfgebiete Islands und der eurasischen Tundra; Kurzschnabelgans *(Anser fabalis brachyrhynchos)* – Island und Sumpfgebiete der eurasischen Tundra; Kanadagans *(Branta canadensis)* – Sumpfgebiete der Arktis.
Die Seetaucher *(Gaviiformes)* bilden eine eigene Ordnung. Ihre Beine setzen weit hinten an, was ihrer Fortbewegung große Kraft verleiht. Diese Vögel können aufgrund ihres Körperbaus ausgezeichnet schwimmen und tauchen und sind schnelle und kraftvolle Flieger. Sie sind ein wenig kleiner als Gänse. Verglichen mit Schwänen, Gänsen und Enten haben sie einen spitzeren Schnabel. Sie ernähren sich von Fischen, Krustentieren und Wasserpflanzen. Das Sommergefieder der Männchen ist von außergewöhnlicher Schönheit: Prachttaucher *(Gavia arctica)*; Sterntaucher *(Gavia stellata)*; Eistaucher *(Gavia immer)*; Gelbschnabel-Eistaucher *(Gavia adamsii)*.
In der Arktis leben etwa 20 verschiedene Entenarten, von denen mehr als die Hälfte ihr Leben im Meer verbringt. Einige von ihnen brüten an den Stränden des Meeres und überwintern dort auch. Zu dieser Gruppe gehören die Eiderenten *(Ordnung Anseriformes)*: Eider-

213 *Eine Schnee-Eule nähert sich, dank ihrer biegsamen Schwungfedern, lautlos ihrer Beute. Dieser Greifvogel trägt sogar zwischen den Krallen einen dichten, schützenden Federflaum. Eine Lidfalte, die anderen Eulen fehlt, schützt sie gegen Schneeblindheit. Ihr Federkleid bleibt im Sommer und im Winter weiß.*

__214__ Spitzbergen: Eine Weißwangengans (Branta leucopsis) *schwingt sich vom Wasser aus in die Höhe. Die Weißwangengans baut ihr Nest nicht wie die anderen Gänse, in der Tundra, sondern lässt sich zum Schutz gegen Füchse in bergigen Regionen nieder.*

ente *(Somateria mollissima)*; Plüschkopfente *(Somateria fischeri)*; Prachteiderente *(Somateria spectabilis)*; Scheckente *(Polysticta stelleri)*. Der Mensch ist sehr an diesen Tieren interessiert, da die weichen Daunen ihrer Brust als Polstermaterial für Kissen, Federbetten und Anoraks äußerst begehrt sind.
Andere Entenarten leben im Sommer an Wasserläufen und Seen im Landesinneren und kehren im Winter an die See oder zu den Flussmündungen zurück. Dazu gehören: Kragenente *(Histrionicus histrionicus)*; Schellente *(Bucephala clangula)*; Gänsesäger *(Mergus merganser)*; Mittelsäger *(Mergus serrator)*; Samtente *(Melanitta fusca)*; Trauerente *(Melanitta nigra)*; Eisente *(Clangula hyemalis)*.
Die Süßwasserenten gehören ebenfalls zu den Gänsevögeln, genauer zur Familie der Entenvögel. Ihre am Süßwasser lebenden Kolonien sind genauso zahlreich wie die ihrer an der Küste lebenden Verwandten, doch die Artenvielfalt ist etwas kleiner. Viele dieser Vögel sind auch in unseren Breiten, wo sie überwintern, bekannt. Einige Beispiele: Stockente *(Anas platyrhynchos)*; Spießente *(Anas acuta)*; Schnatterente *(Anas strepera)*; Gluckente *(Anas formosa)*; Blauflügelente *(Anas discors)*; Pfeifente *(Anas penelope)*.
Die Stelzvögel bilden eine weitere Ordnung *(Ciconiiformes)*. Diese verfügen über lang gestreckte Beine ohne Schwimmhäute zwischen den Zehen sowie über einen langen, schmalen Schnabel, dessen Form je nach Spezies variiert. Diese Andersartigkeit ermöglicht das friedliche Zusammenleben vieler Arten in demselben Gebiet, da jede einzelne eine andere ökologische Nische besetzt.
Zur Ordnung der Kranichvögel *(Gruiformes)* zählt der Kanadische Kranich *(Grus canadensis)*. Er ist der Riese unter den im Süden überwinternden Stelzvögeln und baut sein sehr robustes Nest aus getrockneten Gräsern im Wasser. Seine eisengrauen Federn und die kleinere Statur heben ihn vom weiß gefiederten amerikanischen Kranich ab.
Die folgenden Vogelgattungen und -arten zählen zur Ordnung der Wat- und Möwenvögel *(Charadriiformes)*. Sie haben die gleichen Lebensgewohnheiten und brüten an Seen und Flüssen oder am Meeresufer. Sie sind Bodenbrüter und verstecken ihr Gelege zwischen niedrigen Pflanzen. Ihre Nahrung besteht aus

214-215 *Ein großer Gänseschwarm während eines Migrationsflugs. Die Reise dieser amerikanischen Art führt die Vögel von den Großen Seen bis in die 2000 km entfernte kanadische Arktis. Von dieser Art existiert auch eine sehr seltene Varietät mit graublauem Körper, aber weißem Kopf und Hals.*

215 oben *Die Schneegänse sammeln sich zu großen Schwärmen auf den Seen, bevor sie losfliegen. Diese Art ist auf dem amerikanischen Kontinent beheimatet und wird in Europa selten angetroffen. Sie nistet in der Tundra und kann aufgrund ihres Gefieders, das bis auf die schwarzen Schwungfedern völlig weiß ist, mit keiner anderen Art verwechselt werden.*

215 unten *Die Küstenseeschwalbe ist nicht nur ein sehr eleganter Vogel, sie legt bei ihren Flügen von der Arktis, ihrem Sommerdimizil, in die Antarktis, wo sie den Winter verbringt, auch die weitesten Strecken zurück.*

216 oben Eine Kolonie von Trottellummen (Uria aalge) *in Alaska. Dieser Vogel ist in der gesamten Arktis weit verbreitet und gehört zur Familie der Alken. Er sieht dem Tordalk* (Alca torda) *sehr ähnlich, der genauso groß ist und ebenfalls ein schwarzweißes Federkleid trägt. Die Trottellumme besitzt allerdings einen langen, spitzen Schnabel, und ihr Hals ist eleganter und schlanker als der des Tordalks.*

kleinen Fischen, Krustentieren, Würmern und anderen Wirbellosen.
Großer Brachvogel *(Numenius arquata);* Regenbrachvogel *(Numenius phaeopus)*; Uferschnepfe *(Limosa limosa);* Pfuhlschnepfe *(Limosa lapponica)*; Knutt *(Calidris canutus)*; Alpenstrandläufer *(Calidris alpina)*; Meerstrandläufer *(Calidris maritima)*; Sanderling *(Calidris alba)*; Kiebitzregenpfeifer *(Pluvialis squatarola)*; Goldregenpfeifer *(Pluvialis apricaria)*; Kleiner Goldregenpfeifer *(Pluvialis dominica)*; Mornell-Regenpfeifer *(Eudromias morinellus)*; Steinwälzer *(Arenaria interpres)*; Waldwasserläufer *(Tringa ochropus);* Rotschenkel *(Tringa totanus)*; Kampfläufer *(Philomachus pugnax)*; Zwergstrandläufer *(Calidris minuta);* Sandregenpfeifer *(Charadrius hiaticula)*; Austernfischer *(Haematopus ostralegus).*
Die Wassertreter, die ebenfalls zur Ordnung *Charadriiformes* gehören, sehen den zuvor beschriebenen Vögeln sehr ähnlich, mit dem Unterschied, dass sie kürzere Beine haben und mit Lappen versehene Zehen (keine Schwimmhäute), die es ihnen gestatten, im Wasser relativ schnell voranzukommen. Sie nisten in Küstenlagunen und schwimmen oft im Kreis, um das Futter vom Grund aufzuwühlen. Die Weibchen sind größer und farbenprächtiger als die Männchen. Folgende Arten kommen in der Arktis häufig vor: Thorshühnchen *(Phalaropus fulicarius)*; Odinshühnchen *(Phalaropus lobatus)*; Amerikanisches Odinshühnchen *(Phalaropus tricolor).*
Aber nicht nur die unzähligen im und am Wasser lebenden Zugvögel sind interessant, sondern auch die an Land lebenden Vögel, die im Sommer nach Norden ziehen. Die arktische Tundra gewährt auch diesen zur Ordnung der Sperlingsvögel *(Passeriformes)* zählenden Tieren Unterschlupf: Schneeammer *(Plectrophenax nivalis)*; Goldammer *(Emberiza citrinella)*; Spornammer *(Calcarius lapponicus);* Steinschmätzer *(Oenanthe oenanthe).*
Die Singvögel sind die Vorboten des Frühlings. Ihr Gesang ertönt in der noch winterkahlen Tundra. Sie fressen Samen und Beeren, die sie im Schnee finden können, und treffen vor all den anderen Vögeln ein, welche sich, da sie von Insekten und Spinnen leben, gedulden müssen bis der Boden auftaut. Die wichtigsten Singvögel sind: Blaukehlchen *(Luscinia svecica)*; Wasserpieper *(Anthus spinoletta)*; Felsen-

216 Mitte Der Tordalk kommt im gesamten arktischen Raum sehr häufig vor. Wie die Trottellumme nistet er in großen Kolonien an Steilküsten und ernährt sich von Fischen, die er geschickt im Meer fängt. Wie die Trottellumme schlägt er sehr rasch mit den Flügeln, sodass er sich aus der Nähe sehr laut anhört.

216 unten Der Papageitaucher ist der bunteste unter den Seevögeln, die eine bestimmte Zeit des Jahres in der Arktis verbringen. Sein Schnabel ist groß und auffällig, und die Schnabelspitze verfärbt sich im Sommer leuchtend rotorange. Sein Kopf ist größer als der aller anderen Alken. Dadurch ist er sowohl im Flug als auch auf den Felsen leicht zu erkennen. Oft nähert er sich dem Nest mit dem Schnabel voller kleiner Fische. Auch die goldgelben Federn auf seinem Hinterkopf, die roten Ringe um die Augen und die roten Beine machen ihn zu einem wirklich „lustigen Vogel".

217 An der Steilküste von Herna Ness, im Norden der Shetlandinseln, nisten hunderte von Basstölpeln. Dieser große Vogel, der noch größer ist als eine Gans, hat ein sehr ausgedehntes Verbreitungsgebiet, das sich im Sommer bis in den Norden der Baffinbai erstreckt. Der Basstölpel fängt seine Fische schwimmend unter Wasser oder indem er aus 10 bis 15 m Höhe ins Meer taucht.

218 *Ein Karibubulle hat im Winter Zuflucht in der subarktischen Zone Alaskas gefunden. Der erste Schnee ist gefallen im Denali-Nationalpark. „Denali" ist die Bezeichnung der Inuit für den Mount McKinley, den höchsten Berg in Nordamerika. Hier ist das Karibu vor den Jägern sicher, doch im Frühling wird es sein Instinkt über die Grenzen des Parks hinaus nach Norden leiten, wo das Klima frischer ist.*

219 *Eine Karibuherde ist auf ihrer Frühlingswanderung, die sie bis zur Brookskette in Nordalaska geführt hat, auf noch schneebedecktes Terrain gestoßen. Die Karibus müssen sich mühsam mit den Hufen ihr Lieblingsfutter, die Rentierflechte, aus dem gefrorenen Schnee graben.*

220-221 *Das Karibu ist ein Bewohner der amerikanischen Arktis. Früher bestanden die Herden aus Millionen von Tieren, die vor allem im Lauf der letzten zwei Jahrhunderte auf ca. eine Million Exemplare in Kanada und Alaska dezimiert wurden.*
Im Gegensatz zum Rentier, seinem eurasischen Gegenstück, wurde das Karibu niemals gezähmt und wird in freier Wildbahn von einigen Inuitstämmen gejagt, die damit den größten Teil ihres Lebensunterhalts bestreiten.
Das Karibu unternimmt im Jahr zwei Wanderungen: Im Frühjahr zieht es auf der Suche nach Tundraflechten und einem kühleren Klima nach Norden, im Herbst kehrt es in die Taiga zurück, in deren Wälder es Schutz vor den eisigen Winden des Nordens findet. Es verliert einmal im Jahr sein Geweih. Das neue Geweih ist von einer samtartigen, gut durchbluteten Haut überzogen, die dem Tier hilft, im Sommer die überschüssige Wärme an die Umgebung abzugeben. Im Herbst löst sich diese Verkleidung ab, und das Geweih erhält eine andere Funktion: Die Zeit der Brunft ist gekommen, und die Männchen versuchen sich in heftigen Kämpfen mit den scharfen Enden des Geweihs gegenseitig zu verletzen. Anfang Winter fällt dieses dann ganz ab, um im darauf folgenden Frühling wieder nachzuwachsen.

pieper *(Anthus spinoletta littoralis)*; Wiesenpieper *(Anthus pratensis)*; Rotkehlpieper *(Anthus cervinus)*; Bachstelze *(Motacilla alba)*; Zitronenstelze *(Motacilla citreola)*; Rotdrossel *(Turdus iliacus)*; Wacholderdrossel *(Turdus pilaris)*
Alle diese Vögel jagen am Boden und im Gestrüpp nach Insekten, während die Ohrenlerche *(Eremophila alpestris)* und die Uferschwalbe *(Riparia riparia)* im Flug nach ihrer Beute – ebenfalls Insekten – schnappen.
Die Greifvögel sind in der Arktis nicht sehr zahlreich vertreten, dafür ist das Beuteangebot für sie reicher als weiter im Süden. Die Palette der Greifvögel umfasst außer der Schnee-Eule und dem Gerfalken zwei weitere Falkenarten, die den Sommer in der Arktis verbringen: Der Wanderfalk *(Falco peregrinus)* ist kleiner als der Gerfalk, jagt aber die gleiche Beute wie er und trägt während der Sommerzeit ein sehr ähnliches Federkleid. Der Merlin *(Falco columbarius)* ist sehr viel kleiner als die übrigen Falken und hat schmalere und spitzer zulaufende Flügel, weshalb sein Flugstil ihn deutlich von den anderen unterscheidet.
Manchmal verirren sich, angelockt von der Nahrungsfülle, auch größere Greifvögel in die Arktis, wie z. B. der Steinadler *(Aquila chrysaëtos)*, der in den höheren Lagen der Tundra zu Hause ist. Der Weißkopf-Seeadler *(Haliaeëtus leucocephalus)* ist dagegen an den Küsten West-Alaskas und Ostsibiriens zu finden, und der Seeadler *(Haliaeëtus albicilla)* hält sich an Meeresufern und größeren Seen auf.
Manche Tiere kommen nur ab und zu im Sommer in die Arktis. Unter ihnen gibt es einige wichtige und repräsentative Vertreter:
Der Grislibär *(Ursus arctos horribilis)* erscheint im Frühling und ernährt sich von Trieben und jungen Blättern. Er sättigt sich im Sommer ausgiebig mit Lachs und bereitet sich auf den Winterschlaf vor, indem er sich den Bauch mit Beeren vollschlägt. Der Timberwolf *(Canis lupus)* verlässt die Wälder und folgt den Karibuherden auf ihren Wanderungen nach Norden. Er greift sehr junge, alte oder geschwächte Tiere an. Der Kojote *(Canis latrans)* ist ein weiteres Beispiel für eine sehr anpassungsfähige Art, die sich an jeden Boden und jedes Klima gewöhnen kann. Er erbeutet die Kleinsäuger der Tundra, verschmäht aber auch Tierkadaver nicht, die von Wölfen und Bären übrig gelassen werden. Der Rotfuchs *(Vulpes fulva)* hat in den

222 oben *Ein männlicher Elch* (Alces alces) *verliert im Herbst die samtige Haut, die sein Geweih bedeckt, wenn er sich darauf vorbereitet, mit anderen Elchbullen um die Gunst einer Elchkuh zu kämpfen. Zu dieser Jahreszeit verwandelt sich der ansonsten friedfertige, nur auf die Futtersuche bedachte Elch in ein jähzorniges und angriffslustiges Tier.*

222 unten *Eine junge Elchkuh stakst durch das hohe Gras am Ufer eines Teichs. Der Elch wird ohne seine charakteristischen Flecken auf dem Fell geboren, die allen Hirschähnlichen eigen sind. Die Mutter bringt zwei oder drei Junge zur Welt, die sie, falls nötig, aggressiv verteidigt. Die Elchkühe tragen kein Geweih.*

222-223 *Ein Elchbulle taucht mit dem Kopf aus einem Fluss auf, in dem er sich vermutlich an schmackhaften Wasserpflanzen gütlich getan hat. Der Elch ist ein sehr aktives Tier, sei es in den Wäldern, in denen er lange Strecken zurücklegt, oder auf sumpfigen bzw. verschneiten Böden, die er dank seiner breiten Hufe erfolgreich meistert. Es ist ein einzigartiges Erlebnis, einen Elch an sich vorüberziehen zu sehen. Das große Tier geht mit seinem Gewicht von bis zu 800 kg vorbei, ohne auf dem trockenem Laub und den Zweigen das geringste Geräusch zu verursachen.*

223 *Eine Elchkuh durchwatet einen Teich im Denali-Nationalpark, Alaska. Der Elch lebt in Wäldern mit dichtem Unterholz, in der Nähe von Gewässern. Sein Speisezettel umfasst die Rinde von Laubbäumen, z. B. von Eschen, Birken und Weiden, sowie junge Nadelbäume, Gräser, Kräuter und auch Wasserpflanzen, an die er herankommt, indem er mit dem Kopf unter Wasser taucht.*

letzten hundert Jahren sein Verbreitungsgebiet um einige Breitengrade nach Norden erweitert und ist in der Arktis offenbar stark auf dem Vormarsch. Der Vielfraß *(Gulo lusco)* ist der größte Vertreter der Marderfamilie. Sein Mut und seine Aggressivität suchen ihresgleichen. Er flößt jedem Tier Respekt ein, einschließlich dem Wolf, und kann sogar junge Karibus zur Strecke bringen. Das Dallschaf *(Ovis dalli)* trägt einen weißen Pelz und auffällige Hörner, die denen des europäischen Mufflons ähneln. Es steigt auf der Suche nach Futter von den Bergen in die Niederungen hinab, um danach sofort wieder felsige Höhen zu erklimmen, die für Wölfe unerreichbar sind. Die Schneeziege *(Oreamnos americanus)* verlässt manchmal die unwegsamen Bergregionen, in denen sie zu Hause ist, wenn sie aufgrund der ungünstigen Jahreszeit gezwungen ist, sich ihre Nahrung in niedrigeren Lagen zu beschaffen. Der Schneeschuhhase *(Lepus americanus)* verdankt seinen Namen den relativ großen Hinterfüßen, die ihn wie Skier über die Schneedecke tragen. Im Winter trägt er ein völlig weißes Fell. Die Bisamratte *(Ondatra zibethica)* sieht ein wenig wie ein kleiner Biber aus, hat aber einen zylindrisch geformten Schwanz und einen zotteligeren Pelz. Sie baut sich ihre Behausung auf dem Wasser und benutzt dazu Materialien, von denen sie in Notzeiten auch zehren kann. Obwohl ihr Pelz sehr begehrt ist und ihr viele Feinde, allen voran der Mensch, nachstellen, ist sie dank ihrer Fruchtbarkeit nicht vom Aussterben bedroht. Der Kanadaluchs *(Lynx lynx canadensis)* unternimmt im Winter und im Frühling Streifzüge in die Tundra. Dann nämlich wird das Wild in den Wäldern, in denen er lebt, knapp. Er erbeutet vorzugsweise Polar- und Schneeschuhhasen. Der Nordamerikanische Fischotter *(Lutra canadensis)* ist dagegen ein Sommergast. Er ist kleiner als der Seeotter, und wenn es Süßwasser in der Nähe gibt, auch anpassungsfähiger. Auch was seine Ernährung betrifft ist er flexibler, da er Krustentiere, Mollusken, Fische, Frösche, Schnecken und Insekten frisst. Der Seeotter *(Enhydra lutris)* ist an der Westküste Alaskas und auf den Aleuten weit verbreitet. Er lebt von Fischen, Mollusken und Seeigeln und wurde wegen seines wertvollen Fells gnadenlos gejagt. Heute steht er unter Naturschutz, sein Bestand wird auf 30 000 bis 40 000 Tiere geschätzt.

224 *Bei Sonnenuntergang wandert ein Eisbär gemächlich über das Packeis.*
Man kann nicht anders, als die Gestalt dieses mächtigen, einzelgängerischen Tieres, das in der Lage ist, selbst die feindlichste und unwirtlichste Natur zu meistern, als Symbol für die gesamte Arktis, für ihre Schönheit und ihre unendliche Weite zu betrachten.

BILDNACHWEIS

Marcello Bertinetti/Archivio White Star: 22 oben rechts, 33 oben, 48, 49, 55 oben, 56 oben, 57 oben, 64, 93 oben rechts, 120 oben links, 124, 124-125, 125 oben, 126, 136, 137, 140-141, 141 unten, 142, 143, 156 oben, 156-157, 168, 168-169, 169; Giulio Veggi/Archivio White Star: 14-15, 18, 90 oben, 90-91, 92 oben, 92-93, 93 oben links, 138, 140 oben, 141 oben Mitte, 144-145; Luigi Accusani: 10-11; 34-35; 36-37, 37 oben, 64-65, 196, 197, 198 oben, 198-199, 199 unten; Bryan & Cherry Alexander/Ag. First Light: 158, 159 oben, 160, 161 oben; J.J. Alcalay/Bios/Panda Photo: 78 oben rechts; Doug Allan/Oxford Scientific Films: 6-7, 68-69, 130-131, 162 unten, 182 Mitte, 183, 190-191; Brian & Cherry Alexander/N.H.P.A.: 12-13, 44-45, 76 oben links, 128-129, 139, 164-165; Heather Angel/Biophotos: 184 oben links; Ardea London: 76-77; Associazione Grande Nord: 20-21, 40-41, 42-43, 43 oben links, 78 oben links, 94-95, 95 oben, 96, 97, 194-195, 195; Associazione Grande Nord/Ag. Marka: 94 oben, 95 unten; H. Auslos/Panda Photo: 184 oben rechts; Steve Austin/Woodfall Images: 19 oben; Franco Barbagallo: 30 oben links; 41 oben rechts, 102 oben, 102-103, 103, 104, 104-105, 105 oben, 106-107; John Beatty/Oxford Scientific Films: 41 oben links; Walter Biggi/Focus Team: 28 oben rechts, 110-111; Fred Bruemmer/Panda Photo: 114-115, 185, 188 oben links, 193 oben, 215 oben, 216 oben Mitte; Bob & Clara Calhoun/Bruce Coleman: 84-85; Judd Cooney/Oxford Scientific Films: 210 oben: Sylvain Cordier/Jacana: 118-119, 199 oben, 204-205, 207 unten; Daniel J. Cox/Oxford Scientific Films: 180 oben links; John Eastcott/Hedgehog House: 19 unten, 30-31, 38, 164 oben, 165, 212; Elio della Ferrera/Planet Earth Pictures: 210-211; Kenneth W. Fink/Ardea London: 64 oben, 118 oben links; Jeff Foot/Bruce Coleman: 178 unten, 180-181; François Gohier/Ardea London: 34 oben links; 178-179; 180 oben rechts, 181, 192 oben, 202-203; François Gohier/Ag. Speranza: 178 oben; Larry Dale Gordon/The Image Bank: 116-117; Grosset/Ag. Gamma: 132 oben; Martin W. Grossi/Planet Earth Pictures: 141; David W. Hamilton/The Image Bank: 204 oben; S. Hollyman/Ag. Gamma: 133; Jan Tove Johannson/Planet Earth Pictures: 88-89, 188-189, 189, 194 oben links; John & Swedberg/Ardea London: 109; Johnny Johnson/Bruce Coleman: 82, 83 oben, 218, 219; Richard e Julia Kemp/Oxford Scientific Films: 208 unten; Jerry Kobalenko/Ag. First Light: 114 oben, 115 oben; Peter Korniss/Das Photoarchiv/Ag. Speranza: 171 oben rechts, 172, 173; Stephen J. Krasemann/Bruce Coleman: 52-53, 81 oben links; Stephen J. Krasemann/N.H.P.A.: 121 oben rechts; Frank Lane/Planet Earth Pictures: 93; Lon e. Lauber/Oxford Scientific Films: 200; Marco Mairani: 28-29; Eugenio Manghi: 8, 26-27, 32, 38-39, 39 oben links, 80-81, 86 unten, 100 oben und Mitte, 101, 108, 135, 146 oben, 146-147, 147, 148, 149, 150 oben, 150-151, 151, 152 oben, 152-153, 153 oben 154, 154-155, 155 oben, 166 oben, 167, 184-185, 194 oben rechts, 217, 220 unten; B. Marcon/Bios/Panda Photo: 79; Tony Martin/Oxford Scientific Films: 46-47, 60-61, 127; Vincenzo Martegani/Ag. Marka: 222 unten; Mark Mattock/Planet Earth Pictures: 215 unten; S. Meyers/Ardea London: 222-223; S. Meyers/Panda Photo: 223 oben; Colin Monteath/Hedgehog House: 50-51, 77 unten, 166-167; Colin Monteath/Oxford Scientific Films: 54-55; A. Montemaggiore/Panda Photo: 29; Fred Morris/ONU Images/Hedgehog House: 216 unten; Patrick & Baiba Morrow: 47, 54 oben, 76 oben rechts; Patrick & Baiba Morrow/Ag. First Light: 78-79; Tom Murphy/Woodfall Wild Images: 193 unten; Owen Newman/Oxford Scientific Films: 46 oben rechts, 206-207; Nikita Ovsyanikov/Planet Earth Pictures: 98-99; Mike Osmond/Ardea London: 179 oben rechts; Richard Packwood/Oxford Scientific Films: 72-73; A. Petretti/Panda Photo: 214 oben; Renard Polaire/Bios/Ag. Speranza: 206 oben; Dr. Eckart Pott/Bruce Coleman: 70; Dr. Eckart Pott/N.H.P.A.: 71; Philippe Prigent/Jacana: 87; R.I.A./Ag. Gamma: 177 oben links; Norbert Rosing/Oxford Scientific Films: 1, 9, 20 oben, 35, 44 oben, 182 unten, 188-189; Galen Rowell/Mountain Light: 14 oben, 15 unten, 21 unten, 30 oben rechts, 34 oben rechts, 39 oben rechts; 50, 51 oben, 162 oben, 170; Tui de Roy/Hedgehog House: 15 oben, 74-75, 86 oben, 186 oben; Eric Sampers/Ag. Gamma: 100 unten, 170-171, 171 oben links, 176 oben, 176-177, 177 oben rechts; John Shaw/Bruce Coleman: 82-83; Shell International Photographic Service: 56-57, 57 oben; Silvestris: 16 oben, 16-17, 22 unten rechts, 28 oben links, 58 oben, 160-161, 179 oben links, 192-193, 207 oben; Clyde A. Smith/Peter Arnold/Ag. Speranza: 42; Tom Ulrich/Oxford Scientific Films: 200-201, 201 oben; T. Vailo/Panda Photo: 214-215; Renato Valterza/Ag. Speranza: 80 oben; Vernay P. & Associates/Ag. Gamma: 21 oben, 31 oben 32-33, 43 oben rechts, 46 oben links; Tom Walker/Jacana: 64-65, 66-67; Tom Walker/Planet Earth Pictures: 66 oben, 67, 220 oben, 220-221, 221 oben; Staffan Widstrand/Bruce Coleman: 22 unten links, 58-59, 62, 63, 132-133, 134, 158-159, 163, 174, 174-175, 175, 208, 209, 224; Wothe/Silvestris: 212-213, 213 oben; Gunter Zielser: 77 oben, 81 oben rechts, 112, 112-113, 113 oben, 118 oben rechts, 120-121, 182 oben, 182-183; Andrey Zvoznikov/Planet Earth Pictures: 22 oben links.

Die Karte auf Seite 22-23 stammt von Cristina Franco.